倭国
古代国家への道

古市 晃

講談社現代新書
2634

目次

序章

倭王の成立

本書は、倭《わ》と称された日本の列島社会における国家の形成過程を、五・六世紀を中心に検討し、その特徴を明らかにすることをめざしている。倭は中国の人びとによる呼称だが、後に列島を広域に支配する政権の自称ともなる。

五・六世紀の列島社会にどの程度の人々が暮らしていたのかを正確に知ることはむずかしいが、時代を降った奈良時代初めには、当時の戸籍や公文書類から人口は、およそ四五〇万人から五〇〇万人程度であったと推定されている。その頃の出生時平均余命は三〇歳前後。疫病や災害の影響を受けやすく、多産多死の社会であったとされる（今津勝紀『戸籍が語る古代の家族』）。五・六世紀の社会も、大きくは変わらない状態だったのではないかと思われる。倭王を中心とする王族と豪族とによって構成された倭王権が基盤としていたのが、このような、現在とは比べものにならない脆弱《ぜいじゃく》な社会であったことをまず認識しておく必要があるだろう。

紀元一世紀の頃には一〇〇あまりの小国に分立していた倭だったが（『漢書《かんじょ》』地理志）、三世紀前半には三〇ほどの国に統合されていた（『三国志《さんごくし》』東夷伝倭国条。いわゆる「魏志倭人伝《ぎしわじんでん》」。以下、「倭人伝」）。列島各地に存在した大小さまざまな地域勢力が、これらの書物には

「国」と記されているのである。『後漢書《ごかんじょ》』東夷伝は、永初元（一〇七）年、倭国王帥升《すいしょう》らが後漢に使者を派遣したことを記しているので、地域勢力の連合体としての倭国、またその代表者としての倭王の地位は、二世紀初頭には成立していたことがうかがえる。

二世紀後半の倭国では、地域勢力同士の争いによる混乱が続いていた。『後漢書』東夷伝は、桓帝《かんてい》・霊帝《れいてい》の間（一四六～一八九）、倭国は大いに乱れて互いに争い、統治する者がなかったと記す。「倭人伝」は、倭国はもともと男子を王として七〇～八〇年を過ごしてきたが、国が乱れて相争う状態が続いたとする。二世紀後半は、日本では弥生時代後期にあたるが、倭を構成する個別の「国」の間にはきびしい対立状態があった。発掘調査によっても、環濠《かんごう》を設けたり高所に営まれたりした防御機能を持つ集落や、殺傷能力を高めた武器の存在などが明らかになっている。こうした争乱状態を終わらせるため、倭王の地位についたのが邪馬台国《やまたいこく》の女王、卑弥呼《ひみこ》であった。

しかし卑弥呼は、強大な権力を振るって争乱を終息させたのではなかった。彼女は人びとによって「共立」された存在であり、しかも「鬼道《きどう》に仕えてよく衆を惑わす」（呪術に巧みで人心を操作できる）と記される、巫女（シャーマン）的な存在であった。景初二（二三八）年、卑弥呼が魏《ぎ》に使者を派遣した際、皇帝から親魏倭王《しんぎわおう》の称号を賜与されているように、卑弥呼の倭王としての地位は国際的な承認を得ていたが、列島社会にあっては、あくまで紛争の裁定者として国々から委任されたものだったのである。

近年、土器の編年や放射性炭素年代測定（^{14}C）の進歩によって、最古の本格的な前方後円墳、奈良県箸墓《はしはか》古墳の造営年代が三世紀中頃にさかのぼる可能性が高まり、卑弥呼が古墳時代を出現させた人物である可能性も出てきている。箸墓古墳は全長二八〇メートル、それまでの墳丘墓とは隔絶した規模と測量技術で造営されている。箸墓古墳を契機として、九州地方南部から東北地方南部に至るまで、各地で王陵を模した前方後円墳の造営が始まった。

ただこのことは、倭王の権力が強力に列島社会を統合したことを示すものではない。「倭人伝」は、倭国の混乱がその後も続いたことを記している。卑弥呼の死後、再び男子が王となったが、国々が従わなかったため、卑弥呼の後継者である台与《とよ》という一三歳の少女が選ばれて王位につく。紀元三世紀中頃から後半にかけての倭国は、政治的な統一体として存在はしていたとしても、強固な結びつきを維持できていたわけではなく、倭王の地位も国々の意志に左右されるところが大きかった。倭王はまだ、強大な権力によって社会を統治するような存在ではなく、複数の王の中から選ばれる代表者、つまり同輩中の第一人者（プリムス・インテルス・パーレス）にすぎなかったのである。

五世紀の倭王についてのこれまでの理解

倭王がこのような、いわば共和的性格を脱して、統治者としての専制的性格を獲得する段階がいつのことなのか、その過程を検討することが、日本列島における国家形成を考えるうえで重要である。

倭王の地位が台与以降も存続したことは、奈良県石上神宮《いそのかみじんぐう》に伝わる、四世紀後半の三六九年にあたる泰和四年（中国・東晋《とうしん》の年号、太和に相当）の銘文を持つ七支刀《しちしとう》に「倭王」の文字が刻まれていることによって確認される。また五世紀中頃から後半と考えられる千葉県稲荷台《いなりだい》一号墳出土の鉄剣に「王賜」の文言が刻まれ、四七一年にあたる辛亥年の年紀を持つ埼玉県稲荷山《いなりやま》古墳出土の鉄剣に「大王」の文字が刻まれていることから、五世紀後半には王族一般とは区別された存在として、すでに大王が存在していたと考えられる。この「大王」が倭国を代表する「倭王」であることには、ほとんど議論の余地はない。これらの王族や大王のために用意されたのが、奈良盆地や大阪湾岸に集中する、王陵と通称される巨大前方後円墳であった。

ただし、こうした文字資料や巨大前方後円墳の存在から確認できる倭王や王族の存在と、『古事記』や『日本書紀』（以下、記紀と略称することがある）に記される歴代天皇の実在性とは、厳密に区別して論じなければならない。

記紀が記す天皇で実在が確実視されているのは、第一五代応神《おうじん》天皇、または第一六代仁《にん》徳《とく》天皇からであって、それ以前の天皇は後世の造作にすぎない。記紀などに記されている陵墓の所在地と、巨大前方後円墳の集中する地が一致することや、陵墓に比定される古墳の年代観と歴代天皇の治世が近似するという見解から、第一〇代崇神《すじん》天皇以降の天皇が実在したとする主張もあるが、そうした主張は文献史学や考古学の固有の方法論を無視したもので、学術的には何の意義も有さない。

王権が専制化する画期として、これまで重視されてきたのが、考古学にあっては前方後円墳のさらなる巨大化や武器・武具の大量副葬であり、文献史学にあっては倭王の地域支配の強化や王権内部における対立勢力の打倒による、倭王への権力の集中であった。これらはいずれも四世紀末から五世紀後半にかけて生じた。

前方後円墳のさらなる巨大化は、誉田御廟山《こんだごびょうやま》古墳（宮内庁指定の応神天皇陵）や大仙《だいせん》古墳（同じく仁徳天皇陵）など、倭王級の人物の墳墓（王陵）が奈良盆地を出て大阪湾岸に作られるようになってはじまり、武器・武具の大量副葬は、古墳時代中期から顕著になる。倭王の地域支配の強化は、五世紀後半の刀剣銘文や中国・南朝の宋の歴史書、『宋書《そうじょ》』にも記されている。

埼玉県稲荷山古墳と熊本県江田船山《えたふなやま》古墳出土の刀剣銘文に名が刻まれるワカタケル

は、これらの古墳の被葬者を従属させる「大王」であった。このワカタケルは、宋に使者を派遣した倭王武《ぶ》にあたる。宋の皇帝に提出した上表文《じょうひょうぶん》の中で、武は父祖以来、列島各地を征服したことを誇り、朝鮮半島諸国の支配権さえ主張している。倭王の下への権力集中について、現存最古の史書、『古事記』、『日本書紀』には、雄略《ゆうりゃく》天皇の時、彼が対立する王族や有力な豪族を討滅する記事がくり返し記されている。

従来、これらの現象は、倭王の権力の専制化を示すものと理解されてきた。壮大な墳丘を持つ古墳が被葬者やそれを作り上げた集団の権威を示していることは事実であるし、墳丘の規模や型式、副葬品の質量の相違が被葬者の地位の格差を示すことも間違いない。ただ古墳の造営は時期や地域によってかなりの変動があり、その地の盟主的な古墳が同じ地域に継続して造営され続ける事例はむしろ多くない。一度は古墳が作られるものの、その後、長期間にわたって古墳の造営がみられなくなる地域も少なくない。古墳が示す倭王と地域社会の勢力との関係は、かならずしも安定的なものではなかったのである。

これまで強調されてきた、古墳や刀剣銘文、中国の皇帝に対する上表文などに示されている王権の地域支配とは、いわば点的なものにすぎず、一時的に支配・従属関係を作ることはできたとしても、領域的な広がりを持ったり、長期間にわたって維持できたりしたわけではなかった。倭王の権力が五世紀に強大化し専制化するという従来の見通しは、もう一度検討し直す必要がある。

五世紀の倭王と王族の実態

五世紀には、じつは倭王の王統はいまだ一つにまとまってさえいない状況にあった。『古事記』、『日本書紀』には、五世紀代の倭王を含む王族同士の対立がくり返し記されている。対立は、とりわけ仁徳・履中《りちゅう》と受け継がれる王統（仁徳系）と、第一九代允恭《いんぎょう》天皇にはじまる王統（允恭系）の間に集中している。一方、『宋書』は、五世紀に五人の倭王（讃《さん》・珍《ちん》・済《せい》・興《こう》・武《ぶ》）による使者派遣があったことを記すが、その内、反正《はんぜい》天皇にあたる可能性が高い珍と、允恭と思われる済の間には血縁関係が記されていない。反正は仁徳系に属すので、記紀にみる王統間の対立伝承と、この『宋書』における倭王間の血縁関係の未記載は、同じ現象を物語っている。つまり同じ倭王でも、仁徳系と允恭系の倭王との間には、血縁関係が存在しなかった可能性が高い。五世紀の段階では、倭王を出すことができる王統は、複数存在していたのである。

記紀に戻るならば、結局、允恭の王統は雄略の子、清寧《せいねい》の代で、少なくとも男系としては断絶する。その後、復活した仁徳の王統も、男系では直後の武烈《ぶれつ》天皇の代で途絶えてしまう。記紀の歴代天皇の系譜は初代神武《じんむ》以来一度も途絶えることのない血縁関係によって結ばれていることが強調されるが（いわゆる万世一系）、同じ記紀に記された伝承を丁寧に読み込み、外国の史書と比較することで、五世紀の倭王の地位がそれほど安定したものではなく、むしろ不安定で流動的だったことが判明するのである。

さらに、五世紀の段階では、倭王を出す王族とは拠点と系統を異にする王族たち――本書では周縁王族と呼ぶ――が存在した。『古事記』、『日本書紀』には、そうした王族が倭王に反逆する一連の伝承が記されているが、それらはいずれも海人《あま》集団によって支援されるという共通点がある。五世紀の海人集団とは、たんに漁労を生業とする人びとをさすのではなく、朝鮮半島を往来できる外洋航海の技術と人間集団のネットワークを有している点にその最大の特徴があった。

その海人集団を支配していたのが、大和《やまと》の葛城《かづらき》や吉備《きび》（現在の岡山県から広島県東部）、紀伊《きい》（現在の和歌山県）といった、五世紀の倭国を代表する豪族たちである。彼らは海人集団を配下に置きつつ、朝鮮半島諸国、とりわけ南部に存在した小国の連合体である加耶《かや》（加羅《から》）と活発に交流し、先進の産物や技術の獲得に努めた。倭国にとって加耶からもたらされるそれらの資財――とりわけ鉄――は、生産力を向上させ、軍事力を増強するうえで決定的な役割を果たした。これらの豪族もまた、倭王に対する一連の反逆伝承を持つ。それと同時に、彼らの中には、葛城や吉備の勢力のように、倭王と婚姻関係を結ぶ者もあれば、彼ら自身、王族の一員として認められる者さえあった（第三章）。彼らこそ周縁王族の中心であった可能性も高い。五世紀には、王族と豪族の境界はいまだ曖昧であった。

ただもちろん、強大な軍事力さえ持っていれば、誰でも王の地位を名乗ることができるほど、五世紀の倭人社会が成熟していなかったわけではない。王であるためには、社会を維持するために必要な公共的役割を果たしていて、それが社会の中で広く認められる必要があった。倭王の場合、王陵の造営のような列島社会で共有される葬送儀礼の挙行や、倭国を代表して中国と交渉を行う外交能力が、その公共性にあたると考えられる。一方、周縁王族の場合、列島の開発に不可欠な先進技術や材料を朝鮮半島から入手できる力を持っていたことが、倭人社会の公共的な役割として認められていたのだろう。そうであればこそ、周縁王族は王権の中で独自の地位を築くことができたのである。

こうした観点から、五世紀、とりわけ後半の倭王の権力の性格を捉え直す必要がある。これまでの学説でその専制的性格が強調されてきた雄略は、なるほど対立する仁徳系の王族を殺戮し、葛城、吉備、紀伊の勢力をくり返し弾圧した。雄略が強大な権力を手中に収めたことは否定できない。五世紀後半は、高句麗《こうくり》により百済《くだら》が一時的に滅亡するなど（四七五年）、朝鮮半島情勢が流動化し、葛城の勢力らの役割が揺らいだ時期でもあった。雄略を中心とする允恭系の王統が倭王の地位を独占し、周縁王族の担ってきた朝鮮半島諸国との交渉経路を掌握しようとした可能性は高い。しかしそれは成功しなかった。

　雄略は自身が弾圧した葛城と吉備の勢力の女性との間に男子をもうけるが、吉備出自の女性との間に生まれた星川王《ほしかわのみこ》は殺害され、葛城の血を引く白髪王《しらかのみこ》が倭王位を継ぐ（清寧天皇）。しかし清寧が後継者を得られないまま世を去ると、彼の王統は男系では断絶してしまう。代わって倭王位を掌握するのは、復活した仁徳系の王統であった（忍海郎女《おしぬみのいらつめ》から顕《けん》宗《ぞう》・仁賢《にんけん》天皇へ）。ただしその仁徳系も長くは続かない。仁賢を継いだ武烈天皇の死後、後を継ぐ男子は誰もいなかった。ここに五世紀の倭王位を掌握してきた仁徳・允恭の両王統は、いずれも男系では断絶したのである。

　結局のところ、五世紀の倭国は権力が一人の倭王に集約されてはおらず、複数の王に分散していた段階にあった。支配権力は倭王を中心に結集しつつあるものの、いまだその結集力は脆弱で、卑弥呼以来の共和制的性格を脱しきれていなかったのである。

　広く世界を見渡すならば、王の選出はかならずしも世襲制が前提となるわけではない。古代ローマのような元老院、モンゴル帝国のようなクリルタイによる選出という、少なくとも形式上は衆議による決定を重視した事例もある。王の選出にはさまざまな方法が存在したのであり、倭国においても当初から世襲による継承方法が存在したことを自明とすることはできない。

いずれにしても、それまでに存在した多様な「王族」が淘汰《とうた》され、倭王の王統がただ一つの王統のみに限られ、後に「万世一系」とあらわされるような倭王位の世襲化が実現するのは、五世紀末から六世紀初頭に登場する継体《けいたい》天皇の王統をまたなくてはならない。

専制化の過程

継体天皇は実名を男大迹王《おおどのみこ》といい、近江《おうみ》国（現在の滋賀県）を拠点とする彦主人王《ひこうしのみこ》と越前《えちぜん》国を拠点とする振媛《ふりひめ》の間に生まれた。継体は応神天皇五世の子孫と称し、母の振媛も垂仁《すいにん》天皇の子孫とされるが、それらの系譜の信頼性は乏しく、近江から北陸を勢力範囲とする事実上の地域勢力であったと考えられる。

その継体がどのようにして実権を掌握し、倭王位につくことができたのかは、不明な点が多い。ただ継体は即位前から大和に拠点を持つ有力な王族だった（第一章）。継体はおそらく、仁徳系や允恭系などの倭王の王統とは直接の血縁関係を持たない、周縁王族の一人だったのであろう。彼の母方の拠点、越前国坂井郡《きかないぐん》（現在の福井県坂井市周辺）には海部《あまべ》郷があり、そこには大和の葛城を拠点とする葛木（葛城）氏や品治部《ほむちべ》氏がいるように、周縁王族の支持勢力が集中していた。

その彼が倭王にまで上りつめることができたのは、一つには、尾張《おわり》（現在の愛知県）や近江出自の女性を后妃としたことにあらわれているように、それまでの倭王とは異なる、広範な地域勢力との間に同盟関係を結んだことが大きく影響していた。継体の死後、相次いで即位する安閑《あんかん》・宣化《せんか》の二人の倭王は、尾張出自の女性を母とする（尾張連草香《おわりのむらじくさか》の子、目《めの》子媛《こひめ》）。伝承上の存在を別にするならば、王族や大和の有力豪族以外の地域の女性を母とする倭王の登場は前代未聞のことだった。

ただし、それだけで継体が倭王になることができたわけではない。もう一つの重要な条件は、倭王にふさわしい権威を手に入れることであった。継体は仁徳系王統の最後の倭王、武烈の同母姉、手白香女王《たしらかのひめみこ》を后妃に迎えることで、その目的を果たした。

継体と手白香女王の間に生まれたのが、欽明《きんめい》天皇である。欽明こそは、父が拡大した権力基盤と、母の持つ前代以来の権威の双方を備えた新しいタイプの倭王であった。欽明以降、倭王の地位はようやく血縁により安定的に継承されるようになる。世襲王権の成立である。倭国における専制的な権力体は、五世紀末から六世紀初頭、継体天皇の即位によって成立し、安閑、宣化、欽明と続く新たな王統によって確立されたといえるのである。

なお『日本書紀』が継体治世の最後に引用する「百済本紀」という、倭国に亡命した百済人によってまとめられた書物には、日本の天皇と太子・皇子が共に逝去したとする記事がある。天皇を継体、太子を安閑、皇子を宣化とみて、彼らと欽明の間に政治的対立と内乱の勃発を推定する見解がある。しかしこうした内乱の痕跡は、日本側の史料にはまったくあらわれない。終章で述べるように、この時代は朝鮮半島情勢の流動化によって失われつつあった倭国の権益を確保するため、国内統治の強化と外交関係の再構築が総力を挙げてめざされていた。また衰退した葛城の勢力に代わり、新たに台頭した蘇我《そが》氏が、安閑以降の統治体制の整備を強力に推進したことも見逃せない。新王統には分裂するような条件はなく、「百済本紀」の記事は誤聞の可能性が高い。

王統の統合と世襲化によって安定した王権は、列島統治のための新たな制度作りに取りかかる。人びとを奉仕する対象や職掌により、何々部という集団に編成する部民制《べみんせい》、王権の直轄拠点であるミヤケの列島各地への設置、地域勢力を王権への服属者として明確に位置づける国造制《こくぞうせい》などの支配制度の成立は、いずれも六世紀代、世襲王権の成立と軌を一にする。列島社会を一円的に支配する仕組みや、天皇の称号の成立は七世紀を待たなくてはならないが、他の王族や豪族とは異なる特別な存在、つまり専制君主としての倭王の地位は、六世紀中頃に成立したのである。

史書をどう読み解くか

以上に素描した、五・六世紀の列島社会における国家形成の歩みを、本書は主に『古事記』、『日本書紀』、諸国から提出された風土記《ふどき》といった、奈良時代に編纂された史書や地誌などによって検討する。これらの書物に記される万世一系の皇位継承、神話や伝承などは、全体としては天皇の統治を正当化するために造作されたものであることが指摘されてきたが、そのことを踏まえつつも、なお記紀にいくばくかの歴史的実態の反映をみようとする研究が、これまでくり返されてきた。

アジア・太平洋戦争以前には、明治憲法下の近代天皇制はその支配の正統性を天皇が天上界の神の子孫であることに求めていたから、それを否定する学術研究にはきびしい制約が加えられていた。敗戦後、日本国憲法の下で学問の自由が保障されるに至り、国家や天皇支配の起源を記紀に基づいて考えようとする研究が堰を切ったように発表された。特に、それまで批判が許されなかった万世一系とされる皇室の系譜について、自由で大胆な学説が提起されるようになった。

記紀には日向《ひむか》の伝承がしばしばみえることなどから、もともと大和にあった王朝が九州の勢力によって征服され、新たな王朝が成立したとする説や、大阪湾岸に王陵や王宮が所在したとする伝承から、大和と河内の王朝の対立を考える説など、およそ五世紀までの間に王朝が複数回交替したと考える、王朝交替説と総称される学説が登場した。

しかし一九六〇年代後半以降、『日本書紀』を中心にその性格の検討が進むにつれて、記紀に加えられた造作がそれまで考えられていた以上に大きいことが判明する。記紀を用いて研究すること自体が批判されるような風潮も生まれ、古代史研究は木簡《もっかん》や正倉院に伝存する文書など、以後、より信頼度の高い史料を用いた研究が中心となる。

しかし記紀の記述から歴史的実態を考えようとする研究が無意味になったわけではない。素朴な王朝交替説に立ち戻ることはできないが、天皇の統治を支える神話・伝承がどのような素材によって作成されたのかは、やはり考える必要がある問題である。記紀にはたしかに多くの造作が含まれているが、それらもやはり、まったくの無から作り出されたのではない。その多くはもともと存在していた何らかの原史料を利用して、そこに新たな情報を付け足すことによって成り立ったものである。つまりその造作の下に隠された古層を明らかにすることができれば、造作以前の史実をある程度まで復元することも可能である。

本書で重要な手がかりとするのは、史書にあらわれる王宮のあり方である。もちろん、史書に記された王宮が、史実そのままのすがたであるわけではない。それらはむしろ、七世紀以降に造作された空想の産物である。しかし史書に記された王族の名前には、彼らの居した地名、つまり王宮の所在地が含まれていることがすくなくない。王族名に見出される王宮名は、ことさらに王宮の存在を示すために記されたものではない点で、史書の造作とは無関係なものなのである。倭王や王族の拠点であり、政治の場でもあった王宮のすがたにこそ、その時代の権力の特徴が色濃くあらわれるはずである。

これまで、王権の性格を考える際の主な素材とされてきたのは、前方後円墳を中心とする古墳や、古墳から出土した刀剣の銘文や外国の史書の記載であり、王宮による分析がなされることはほとんどなかった。しかし王名にあらわれる王宮名に基づいて五・六世紀の倭国の成り立ちを検討することで、これまで漠然とした推測に頼るしかなかった倭国の権力構造を、より具体的に解明することができるようになるはずである。

また記紀や風土記には、刀剣の銘文や外国の史書などからはうかがうことのできない、列島の地域社会に関する情報が豊富に含まれている。政治的な権力の性格が地域社会のあり方に規定されることはもちろんだが、国家のすがたを権力の側から論じるのではなく、人びとの日々の生活の舞台である地域社会に立脚して国家形成を論じることも、人間の営みに即して国家や社会のあり方を考える場合、やはり必要な視角だろう。

記紀や風土記に記された神話・伝承の古層を探る試みを通じて、五・六世紀の地域社会に国家形成がどのような意味を持ったのかを探ってみたいというのが、本書の二つ目の課題である。具体的には、朝鮮半島と王権の中枢を結ぶ要路にあたり、国家形成とも密接に関わったと考えられる大阪湾岸から北部九州に至る瀬戸内海沿岸地域を取り上げる。この地域には、現存する五ヵ国の風土記の中で、地域社会の伝承をとりわけ素朴に残す『播磨《はりまの》国風土記《くにふどき》』が伝わっていることも大きな魅力の一つである。

これらの書物の中で断片的に伝えられた神話・伝承を地域社会と王権の政治的交渉の反映として解釈することで、中央・地方の豪族や朝鮮半島出自の渡来系集団など、この地を行き交う多様な外部の集団の存在とその歴史的展開を見出すことができる。またこの地の勢力が外部の勢力と関わりつつ、地域社会の維持に不可欠な渡来系の技術や産物を入手するため、大阪湾岸から北部九州にかけてかなり広域に移動している実態も明らかになるだろう。五・六世紀の瀬戸内海沿岸地域は、決して閉鎖的な社会だったのではなく、多様な集団の移動と交渉によって成り立つ動的な社会だったのである。

『古事記』や『日本書紀』、また風土記から見出すことのできる「史実」とは、その多くは事実か、さもなくば虚構か、といった二者択一によって明らかにできるような性質のものではない。相互に比較することで、より整合性の高い推論の提示をめざすための「素材」である。第三者的な証拠による裏づけを得ることがむずかしい過去の時代の事実を明らかにするうえでは、最良の仮説の提示を積み重ねてゆくことが、歴史的実態に近づくための、結局のところは近道である。その仮説は常に正しいわけではないが、それはどのような学説も同様であり、誤りがあった際には改めて検討しなおすしかないのである。

このような、データにもとづく推論という「弱い関係」の有効性を重視して過去を明らかにする仕方は、アブダクションといわれる推論の方式にもとづいている。進化生物学の三中信宏は、アブダクションによる推論が人文系、理系を問わず有効であることを論じている（三中信宏『系統樹思考の世界』）。三中が一六世紀イタリアのフリウリ地方の異端審問の記録を分析した『チーズとうじ虫』を著したイタリアの歴史家、カルロ・ギンズブルグの所説をくり返し引用しているように（三中信宏『系統樹思考の世界』）、アブダクションは再現不可能な過去を推論によって分析する歴史学と本来、高い親和性を持つ。ただ残念ながら、アブダクションは歴史学の分野ではかならずしも積極的に活用されているわけではない。しかしとりわけ古代史研究では、記紀や風土記を用いて史実を明らかにする研究が停滞状況にある今日、新たな方法論がもっと積極的に試みられる必要があるだろう。

このことを念頭に置いて、本書ではこの結論がなぜ得られるのか、史料の分析の過程をなるべく提示するように心がけた。結論と共に、それを求めるための立論、分析の過程も劣らず重要であるからである。そのため、新書としてはやや煩雑になった部分もあるが、その意図をご了解いただければと思う。前置きはこれくらいにして、倭国の国家形成の謎を解き明かす旅に出てみたい。

※以下、本文中で『古事記』『日本書紀』と並記する際には、すでに述べたように記紀と略記する場合がある。
※『古事記』はおもに「日本思想大系」(岩波書店)、「新編日本古典文学全集」(小学館)を用い、『日本書紀』はおもに「日本古典文学大系」(岩波書店)、「新編日本古典文学全集」を用いた。『播磨国風土記』を中心とする諸国風土記については、おもに「日本古典文学大系」、「新編日本古典文学全集」を用い、さらに沖森卓也ほか編『風土記』(山川出版社)の成果を取り入れた。
※『延喜式』の条文の番号は、虎尾俊哉編『訳注日本史料　延喜式』(集英社)による。
※七世紀以前の王族名は、原則として王、女王と表記した。
※仮名表記については、原則として現代仮名遣いにしたがったが、一部歴史的仮名遣いを用いたところもある。

第一章　五・六世紀の王宮を探る

1　王宮を探るカギ

従来の学説

五・六世紀の王宮について調べるのは、なかなかにむずかしい作業である。およそ七世紀、飛鳥《あすか》時代より後の王宮であれば、文献史料にも信頼できるものが増えてくるし、何よりも豊富な発掘調査のデータがそのすがたを雄弁に物語ってくれる。しかし六世紀以前となると、文献史料は乏しく、王宮の確実な発掘調査も進んでいない。

古くさかのぼれば、「魏志倭人伝」には、邪馬台国の女王、卑弥呼が居した王宮について、楼閣《ろうかく》と城柵が厳重に設けられ、常に兵士が守衛していると記される。また卑弥呼の周囲には婢《はしため》一〇〇〇人が仕え、男子は一人のみが飲食を運び、彼女の言葉を伝えたとも記される。卑弥呼の王宮は倭国の最初期の王宮のすがたを伝えるものである。しかしその具体的な構造も、所在地もわかっていない。六世紀以前の王宮については、文献史学と考古学の双方が、検討のための十分な材料を持ち合わせていないというのが率直なところである。

その中にあって、奈良県桜井市の脇本《わきもと》遺跡は、発掘調査によって五世紀代の大規模な掘《ほっ》立柱《たてばしら》建物などがみつかっており、第二一代雄略天皇をはじめとする歴代の倭王が王宮をかまえた長谷《はつせ》（泊瀬）の王宮にあたる可能性が指摘されている。ただ調査面積が限られていることもあって、全容はまだ明らかになっていない。五世紀最大の豪族、葛城勢力の拠点のひとつ、極楽寺《ごくらくじ》ヒビキ遺跡（奈良県御所市）でみつかった巨大な掘立柱建物や、王陵級の前方後円墳でみつかる家形埴輪群などを参考にするならば、五世紀の王や豪族が政務や儀式を行うための大規模な建物を作るだけの技術をもっていたことはまちがいない。したがって、脇本遺跡をはじめとする五世紀の王宮にも、整然と配置された大規模建物群が存在した可能性は十分にある。

しかし後世の王宮と比較した場合、脇本遺跡を特徴づけるのは、何よりもその立地である。藤原宮《ふじわらきゅう》や平城宮《へいじょうきゅう》といった七世紀後半以降の王宮が平坦な地形に立地し、巨大な建物と広大な儀礼空間を配してその威容を誇るのに対して、脇本遺跡は南北を山に囲まれ、南には川が流れる狭い谷地形の中にある。少し西に進むだけで平坦面が広がる奈良盆地があるというのに、五世紀の王宮はわざわざ谷の中に作られているのである。

長谷の谷は、奈良盆地と伊勢《いせ》・尾張《おわり》をはじめとする東方世界とをつなぐ要路であった。脇本遺跡は、その要路に面して立地する。仮にこの地に壮麗な王宮が作られていたとしても、それは軍事的性格の強い施設として理解する必要がある。それは、先の極楽寺ヒビキ遺跡が丘陵のわずかな平坦面に立地していること、各地で作られた豪族の居館が濠《ほり》などの防御機能を備えていることと対応している。五・六世紀、とりわけ五世紀の列島社会を統合するための装置として重要な意味を持ったのは、こうした城塞的な王宮よりも、葬送儀礼の場として目につくところに造営された、巨大な前方後円墳であったと考えられる。

ただ五・六世紀の王宮が軍事拠点の性格の強い施設であったとしても、一方である程度長期間にわたり維持・管理されていたことも評価される必要がある。この時代の王宮についてはこれまで、歴代遷宮《れきだいせんぐう》という考え方が広く受け入れられてきた。歴代遷宮とは、天皇(倭王)が居する宮は基本的にその代替わりごとに作り直される、とするものである。たしかに、『古事記』、『日本書紀』には、歴代の天皇ごとに異なる宮名が記される。たとえば雄略天皇について、『日本書紀』はその宮を泊瀬朝倉宮《はつせのあさくらのみや》とし、続く清寧天皇については磐《いわ》余甕栗宮《れのみかくりのみや》、顕宗《けんぞう》天皇は近飛鳥《ちかつあすかの》八《や》釣宮《つりのみや》とする。これが事実を伝えているとするならば、宮はたしかに天皇の代替わりにともなって新たに作り直されているようにみえる。

しかし結論からいえば、歴代遷宮論は成り立たない。歴代遷宮論が依拠するのは記紀の宮名だが、これが今みるような形にまとめられたのは七世紀後半、天武《てんむ》朝のことと考えられるからである(北村優季「記紀にみえる日本古代の宮号」)。たとえば継体天皇の宮を、記紀は磐余玉穂宮《いわれのたまほのみや》と記す（『古事記』は伊波礼之玉穂宮）。一方、七世紀には成立していたと考えられる聖徳太子《しょうとくたいし》（厩戸王《うまやとのみこ》）の伝の一つ、「上宮記《じょうぐうき》」には、継体の宮を「伊波礼宮《いわれのみや》」とのみ記し、玉穂の号を記さない。玉穂は、稲穂の豊かな実りを表す美称（佳号ともいう）と考えられる（表1）。

漢風諡号	名	『日本書紀』
神功皇后	気長足	磐余・若桜宮
15　応神	誉田別	難波・大隅宮〔明宮〈一説に大隅宮〉で崩ず〕
16　仁徳	大鷦鷯	難波・高津宮
17　履中	大兄去来穂別	磐余稚桜宮
18　反正	多治比瑞歯別	河内丹比・柴籬宮 淡路宮（生誕地）
19　允恭	雄朝津間稚子宿禰	…（『記』は遠飛鳥宮）
20　安康	穴穂	石上・穴穂宮
21　雄略	大泊瀬稚武	泊瀬朝倉
22　清寧	白髪	磐余甕栗
23　顕宗	弘計	近飛鳥八釣宮
24　仁賢	億計	石上広高宮
25　武烈	小泊瀬稚鷦鷯	泊瀬列城
26　継体	男大迹	磐余玉穂 樟葉宮・筒城・弟国
27　安閑	勾大兄	勾金橋
28　宣化	檜隈高田	檜隈廬入野
29　欽明	天国排開広庭	磯城島金刺宮
30　敏達	他田	訳語田・幸玉宮
31　用明	橘豊日	磐余・池辺双槻宮
32　崇峻	泊瀬部稚鷦鷯	倉梯
33　推古	額田部	小墾田宮

表1　歴代天皇の宮名
※異同ある場合のみ『古事記』の記載を記した

記紀の宮名が、実際にはそのままの形では存在しなかったことを示す事例として、七世紀の飛鳥の諸宮がある。七世紀の飛鳥には、舒明《じょめい》天皇の飛鳥岡本宮《あすかのおかもとのみや》、皇極《こうぎょく》天皇の飛鳥板《あすかのいた》蓋宮《ぶきのみや》、斉明《さいめい》天皇の後飛鳥岡本宮《のちのあすかのおかもとのみや》、それに天武天皇の飛鳥浄御原宮《あすかのきよみはらのみや》が置かれたとされ、それぞれ比定地が求められてきたが、発掘調査の結果、これらの宮はいずれも同じ場所に営まれたことが明らかにされている（亀田博『日韓古代宮都の研究』、小澤毅『日本古代宮都構造の研究』）。岡本は飛鳥の岡（古代寺院の岡寺が所在する丘陵）の麓という所在地、板蓋は屋根の葺《ふ》き方、浄御原は宮の清浄な状態を指す語であり、それぞれ呼称の原理が異なるにすぎない。宮名は異なっても、共に飛鳥をつけて呼ばれるこれらの宮の所在地は同じなのである。

五・六世紀の宮であっても、一度置かれた王宮は、そう簡単に廃絶することはなかった。七世紀後半から八世紀初頭にかけて、かつての王宮の地が再び利用されたことを示す記述が、『日本書紀』にみえる。持統《じとう》天皇四（六九〇）年には泊瀬《はつせ》（長谷）への行幸記事がみえるが（同年六月辛亥条）、これは長谷の宮を指しているとみてよい。大宝二（七〇二）年には、「二槻離宮《ふたつきのかりみや》」の修繕が行われている（『続日本紀』同年三月甲申条）。二槻の表記からは、斉明天皇が作らせたという、多武峰《とうのみね》の上の両槻宮《ふたつきのみや》と、用明《ようめい》天皇の宮としてみえる磐《いわ》余《れ》の池辺双槻宮《いけのべのなみつきのみや》という二つの候補が浮かぶ。

斉明の両槻宮は高殿を示す「観《たかどの》」とも記され、道教の施設を指す「天宮」とも記されるので、宮殿というよりは宗教的な施設であった可能性が高い。二槻や双槻の表記は、古代に神聖視されたケヤキ（槻）が並び立つ、特徴的な景観に基づくものと思われるが、多武峰も磐余から眺めることができるので、いずれにしても磐余の王宮を指すのだろう。慶雲二（七〇五）年には、文武《もんむ》天皇が「倉橋離宮《くらはしのかりみや》」に行幸した記事がみえる（『続日本紀』同年三月癸未条）。倉橋は、崇峻《すしゅん》天皇の倉橋宮が置かれたとされる地である。五・六世紀の王宮の地に、一〇〇年以上を経て天皇が行幸したり、建物が修繕されたりしていることは、これらの地に置かれた宮が長期間にわたって維持されていることを示している。

歴代遷宮論が成り立たないとすれば、五・六世紀の王宮を解く手がかりはどのように考えればよいのだろうか。これまでの研究では、史料の性格上、大きな制約を抱える記紀の宮名に頼りすぎていたことが問題であった。もうひとつの問題は、王族は倭王に限定されるわけではなく、ほかにも多くの王族がいたと考えられるにもかかわらず、記紀にみえる王宮は、ほぼ倭王の宮に限定されていたことである。五世紀の刀剣銘文には他の王族と区別される「大王」の称号がみえるので、逆に大王、つまり倭王ではない王族たちが存在したことが推測できる。また五世紀の倭王は、少なくとも中国に対しては姓として「倭」を名乗っていたと考えられるが、『宋書』には、倭姓を名乗る使節がみえるので、やはり倭王とは異なる王族が存在したことがうかがえる。

少なくとも五世紀には、倭王は有力な豪族の中からいきなり選ばれるのではなく、あらかじめ王を名乗る人びと、つまり王族たちが存在し――『宋書』の倭姓の使節は、こうした王族が中国風の姓として名乗ったものだろう――、その中から選ばれる存在だったことがわかる。ただし五世紀には、王族であることの条件はかならずしも血縁関係のみではなく、王であるにふさわしい資質をそなえていることが周囲から認められた存在であるかどうかが重要だった。どのような人びとが王族とされたのか、それは第二章で検討することにしたい。いずれにしても、こうした王族の王宮について、記紀が記すところはきわめて少ない。こうした限界を突破するためには、どのような方法が必要とされるのだろうか。

王名との関係

ここで思い起こされるのが、王宮と王の名の間に密接な関係があることを指摘した研究である（狩野久「部民制」）。たとえば日下《くさか》（草香などとも表記）という名を持つ王族たちがいるが、その名は本来、河内《かわち》国河内郡の日下（現大阪府東大阪市日下町）にあった王宮にちなむ。彼らやその王宮に奉仕する人びとは日下部と呼ばれ、王宮の維持や王族の生計に必要な物資を負担したり、宮に参集して王族に仕えたりした。こうした人びとを名代《なしろ》・子代《こしろ》という。

名代・子代の存在は、王宮と王名の間に密接な関係があることを示している。このことは、五・六世紀の王宮の実態を明らかにする上で、王名を検討することが有用であることを示唆している。ただし王宮と王名の関係は、名代・子代に限られるものではない。名代・子代の存在が確認されていない王族の場合でも、その名が王宮に結びつくことがあるからである。逆に言えば、○○宮が存在するということが確かめられれば、その名をもつ王族が存在した可能性がきわめて高いという対応関係をもつということである。王名と王宮の関係は、名代・子代だけでなく、広く王名全般の検討を行ったうえで、あらためて明らかにされる必要がある。

王名から王宮の特徴を明らかにするという手法は、王宮の解明を目的とする研究としては、これまで自覚的に行われたことがないものである。しかしこの手法には、従来の限界を克服するうえで大きな利点がある。記紀に倭王宮の名が記されたのは、いうまでもなく歴代の倭王（天皇）の宮の名を伝えるという明確な目的のためである。しかしそうであるがゆえに、記紀の倭王宮名は恣意性を排除できないし、実際に造作を含むものとなっている。王名もまた記紀によって伝えられるが、王名はあくまで王の名を伝えるために記されたものであり、宮の名を伝えるために記されたわけではない。

記紀に含まれる以上、王名もまた後世に造作されている可能性は排除できない。だがすべての王名を一から作り出すような大規模な造作は手間がかかりすぎるし、少なくともそれは宮の名を直接に造作の対象とするものではない。この点で、王名から王宮の特徴を明らかにする手法は、王宮から直接王宮を検討する手法よりも、格段に信頼性が高いといえる。

さらに、五・六世紀代の王名の由来は、記紀が編纂された段階では、すでに失われていた可能性が高い。たとえば多遅比《たじひ》（多治比、丹比）瑞歯別《みずはわけ》の名を持つ第一八代反正《はんぜい》天皇について、『日本書紀』は、その歯が生まれながらに一枚の骨のようにそろっていたと記す。『古事記』は、歯並びがそろって珠を並べたようであったと記す。こうした表現はいずれもミズハの意味を説明するためのものであるが、記紀にミツハノメ神（『古事記』は弥都波能売、『日本書紀』は罔象女）という水神がみえるように、ミツハとは実際には水に関わる存在を表す名であった。反正のミズハワケの名もまた、水利・灌漑《かんがい》に関わる人物として彼の名が伝わったことによると思われる。記紀の伝承は、当初の意味が忘れ去られた後に、天皇の身体上の特徴をあらわす話として造作されたのだろう。

こうした事例からすれば、記紀の王名はあくまでも王その人の存在を――実在したかどうかは別として――伝えるために記されたもので、宮の名を伝えるためにわざわざ造作された可能性は低いといえる。王名から王宮の実態を考えるという新たな方法論は、それなりに有用であるという見通しが得られるわけである。

2　王名にあらわれる王宮名

五・六世紀の王名とは

一人の人間が幼名や通称など、複数の名を持つことは前近代の社会ではかなり普遍的にみられる現象だろう。五・六世紀の王族も同じである。倭王の場合、六世紀前半の安閑天皇、宣化天皇の頃から、死後に諡《おくりな》をつける習慣が定着する（和田萃「殯の基礎的考察」）。幼名や諡は別として、成年に達した王族がどのような名で呼ばれていたのかについて、これまで通説的にいわれてきたのは、その王族の養育にあたった氏族名にもとづくとする説である。

よく知られるのは七世紀に入って、大海宿禰《おおあまのすくね》氏によって養育されたと考えられる天武天皇が大海人皇子《おおあまのみこ》と呼ばれた事例である。五世紀以前には応神天皇の子、阿倍皇女《あべのひめみこ》がみえ、古代の雄族、阿倍氏との関係を想定できそうだが、ことはそう簡単ではない。阿倍は一方では大和国高市《たかいち》郡の地名でもあり、「アヘ」には饗応《きょうおう》を示す意味もあるからである。

そもそも氏族の成立自体が六世紀に降るとする説が有力であり、そうであるならば、五世紀以前の王名が氏族名にもとづくとすることは不可能である。

氏族名にちなむことが確実な王名の初例は、六世紀後半の用明天皇の子、田目王《ためのみこ》（『古事記』に多米王）である。「タメ」に対応する古代地名はみえない代わりに、氏族として多米氏があり、用明天皇の子である聖徳太子（厩戸王）の一族と臣従関係にあったことが確認できる。しかしその多米王には別に、大和国高市郡の地名にもとづく豊浦王《とゆらのみこ》の名があったことにも注意する必要がある（『日本書紀』用明天皇元年正月壬子朔条）。氏族名にもとづく命名の習慣が定着するには、かなりの時間を要したのである。

三つの要素

以上をふまえつつ、『古事記』『日本書紀』のほかにも古い王名を伝える『新撰姓氏録《しんせんしょうじろく》』（平安時代初期成立）、聖徳太子の伝記類から、五・六世紀に存在した可能性のある王族の名を集めてみた。実在した可能性のある天皇として多くの研究者が認めるのは、第一五代応神天皇からである。ここでは一応の区切りとして、応神以降、六二二年に逝去する聖徳太子の子の世代までの王名を対象としておきたい。応神以降の世代にも、実在性の疑われる王族は存在するが、大まかな傾向を観察するために、いったん考慮の外に置く。下限をこのように設けるのは、七世紀はじめの推古《すいこ》天皇の小墾田宮《おはりだのみや》を画期として、王宮をめぐる史料と、王宮自体のありようが大きく変わること、また倭国の支配の仕組みも大きく変わることを理由としている。

以上の方針にしたがって集めた王名は、二〇六例に上る。この数は対象とする史料や収集の基準によって多少、前後する可能性があるが、五・六世紀の王名として今日、私たちが知ることができるのは、およそ二〇〇例程度であるという点は大きくは変わらない。これらの王名は、およそ三つの要素に分けることができる。ひとつは地名、次は通称、最後が尊称である。

地名でもっとも多いのは、日下や丹比《たじひ》、長谷や橘《たちばな》、茨田《まむた》など、王族の居地をあらわすとみられるものである。通称には、大郎子《おおいらつこ》、中姫《なかつひめ》など兄弟姉妹間の出生順を表すものや、郎子《いらつこ》・郎女《いらつめ》などの性別を表すもの、磯津貝《しつかい》のように古代の人名として一般的に用いられるものが含まれる。尊称は君や彦、媛、別などをさす。これらの要素はそれだけで用いられることもあれば、いくつかの要素が重なって用いられることもある。先にみた反正の名、「タジヒノミズハワケ」を例とするならば、「タジヒ」は河内国の地名で、「ミズハ（ミツハ）」は水利・灌漑に関わる通称、「ワケ」が尊称である。

また同一人物に複数の名が用いられることもめずらしくない。たとえば第一六代仁徳天皇の子、大日下王《おおくさかのみこ》、若日下女王《わかくさかのひめみこ》について、『古事記』は兄を波多毗能大郎子《はたびのおおいらつこ》、または大日下王とし、妹を波多毗能若郎女《はたびのわきいらつめ》、または長目比売命《ながめひめ》、または若日下部命と記す。妹について、『古事記』はほかに若日下王の名を記し（安康天皇段）、『日本書紀』には橘姫皇女《たちばなのひめみこ》の名を記す（雄略天皇元年三月壬子条）。このように、兄と妹は共に「クサカ」（クサカにつく大や若は美称）、「ハタビ」の名を持ち、妹にはさらに「ナガメ」、「タチバナ」の名があったことになる。もとは別の人物として伝わった名が、一個の人格に結合されて造作されたものとする見方もあるが、基本的には、これらはそれぞれに性格や成立の時期を異にする名であり、同一人物が有した複数の名と考えて問題はない。

日下が河内国の日下を指し、彼らの宮にもとづくことは先にみた。「ハタビ」は、機《はた》織りの機と梭《ひ》をあらわす一種の通称であろう。「ナガメ」もまた、古代の人名にみえる通称である。「タチバナ」は大和の飛鳥の地名であり、王名としてもっともよく用いられるもののひとつである。若日下女王は、大和の長谷を王宮とする雄略天皇の后妃となるので、日下から大和へ移った後に橘の名が用いられたのであろう。なお歴史的事実とどのように関わるのか、はっきりしないが、彼女が河内から大和へ移る際の歌物語が『古事記』にみえる（雄略天皇段）。

地名にもとづく王名

地名にもとづく王名の中では、大和の長谷、橘、春日《かすが》、山背《やましろ》の宇治《うじ》、河内の日下など、王族が居した宮の所在地にもとづくと考えられる事例が五九例あり（表2）、全体のおよそ三分の一に達する。これらの地名は、従来、王宮が置かれる中心地と考えられてきた奈良盆地南部にとどまらず、奈良盆地北部、山背南部、河内を中心とする大阪湾岸一帯と広域に展開するのだが（図1）、いずれにしても、その名を持つ王族の王宮の所在地をあらわすと考えてよいだろう。二〇六例の中には若くして亡くなったり、自身の宮を持てなかったりした王族も存在したであろうから、宮の名で呼ばれる王族は、それぞれの世代の王族の中で一定の政治的地位を占めた存在と考える。逆にいえば、一定の地位や年齢に達した王族は、自身の王宮を持つのが原則であったのだろう。

ただこの中には、説明を要するものもある。聖徳太子の名、厩戸は、一見、地名とは思えない。太子が、母が厩の戸にあたって生まれたというよく知られた伝承からすれば、厩は文字どおりに馬の飼育に関わることになる。このことや、太子が後に拠点を移す斑鳩《いかるが》の地に、馬の飼育・生産に関わった氏族がいたとみられることから、厩戸は太子を養育した氏族名にちなむものとする見解がある。しかし厩戸の名を持つ氏族名は、これまでに知られていないし、厩出生伝承は、厩戸の名を説明するために後から造作された物語という以

地域1	地域2	名号：応神～宣化朝	名号：欽明～厩戸王所生
倭王権中枢部 奈良盆地南部 他	平群	額田	
	葛城	朝妻 忍海	葛城 当麻 片岡
	高市	大原 藤原 軽 境 八釣 橘 勾 檜隈	蘇我 桜井 厩（戸） 豊浦 久米 小治田
	山辺	市辺 星川 穴穂	石上
	磯城	鵤鷯 忍坂 長谷 出雲 神前	他田 笠縫 池辺
	十市	白髪（白髪部）	竹田
周縁部1 奈良盆地北部	添	矢田 御馬 春日 高橋 山田	倉 大宅 佐富
周縁部2 山背南部	宇治	宇治	
	久世		栗隈 殖栗
	未詳		山背（または河内国石川郡か）
周縁部3 河内（摂津を含む。括弧内は郡名）	北河内	田宮（交野） 茨田（茨田）	肩野
	摂津	住吉（住吉） 難波	大伴（河内・石川か） 手島
	中河内	大江 日下（以上、河内） 丹比（丹比） 田井（志紀）	弓削（若江）
	南河内	滂来田（石川）	

表2　王名に関わる地名の分布（下線はくり返し用いられる名号）
※所在地が比定できないものを除く

上の意味を持たない。

厩戸そのものではないが、飛鳥の北の交通の要衝《ようしょう》、軽《かる》の東方に厩坂《うまやさか》という地名があるのが注目される。七世紀前半、舒明天皇一二（六四〇）年、伊予《いよ》行幸から戻った舒明天皇が厩坂宮に滞在したことがみえ（『日本書紀』同年四月壬午条）、厩坂に王宮があったことは確実である。坂と戸が結びついた坂戸《さかと》という地名や、大坂、那良坂《ならさか》を大坂戸、那良戸と呼んだ事例があるように（『古事記』垂仁天皇段）、戸と坂は密接な関係を持つ語であり、厩戸と厩坂は同じ場所を指す地名と考えられる。厩坂は軽に含まれる地域なのだが、軽もまた木梨軽王《きなしのかるのみこ》（允恭天皇の子）の存在などから、五世紀以来の王宮の地と考えられる。これらのことか

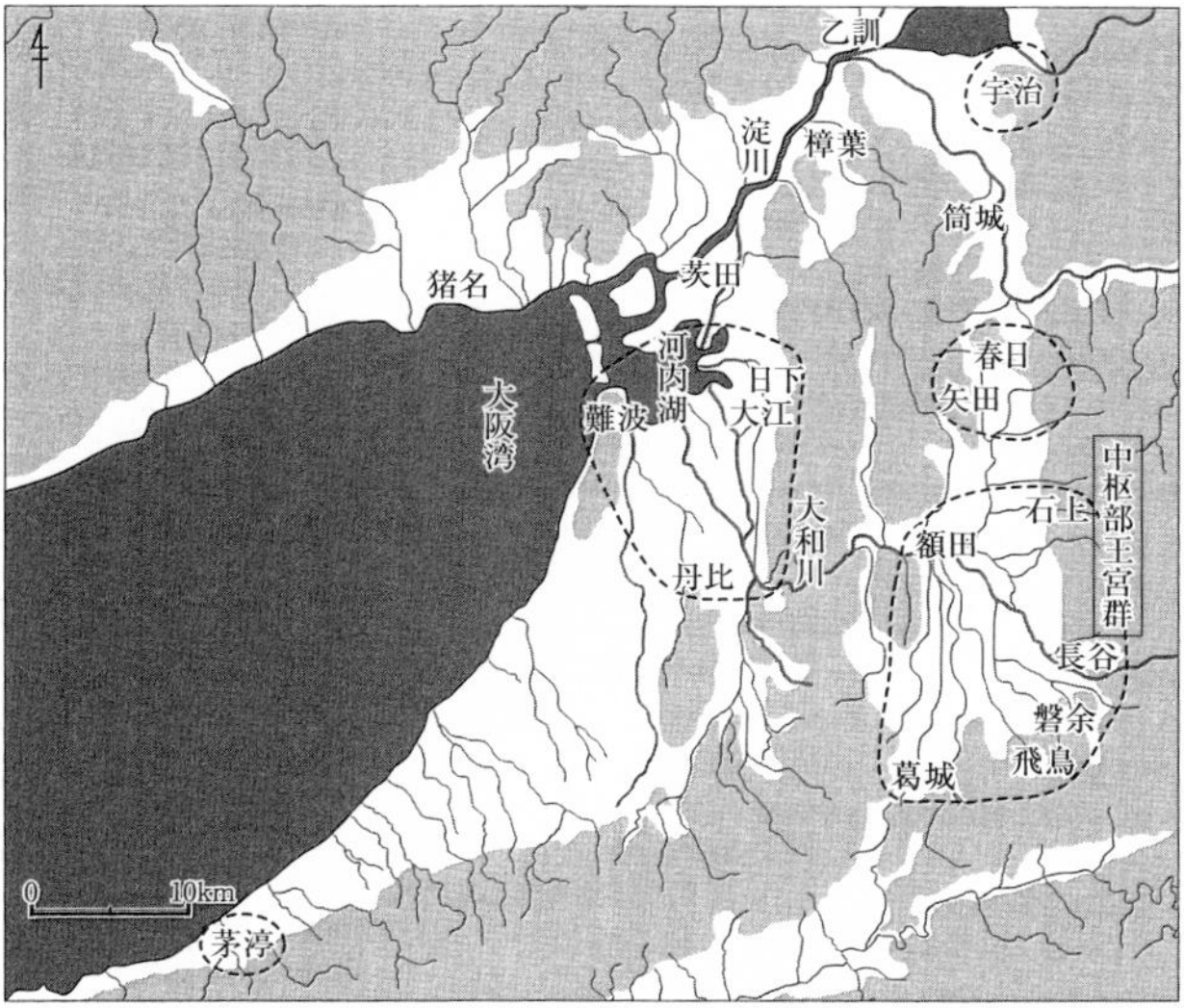

図1　５・６世紀の主要王宮群（破線内は５世紀に遡る王宮群）

ら、舒明の厩坂宮は太子の厩戸宮を利用したもので、その実態は五世紀以来の軽の王宮の一角にほかならないといえる。

鷦鷯《さざき》も説明が必要な名である。鷦鷯の名を持つ王として、仁徳（大鷦鷯王）、第二五代武烈（小《お》泊瀬《はつせ》稚鷦鷯《わかさざきの》王《みこ》）、第三二代崇峻（長谷部《はつせべの》若雀《わかさざきの》王《みこ》）――『古事記』の三名の倭王がある。鷦鷯が王陵を指すミササギに似ていることなどから、王陵の名にちなむとする説もあるが、本来はミソサザイという野鳥にちなむ名である。一方で鷦鷯は、奈良盆地東南部の長谷や磐余と分かちがたく結びついた名でもある。武烈や崇峻の名に長谷が含まれていること、また崇峻の宮が磐余に含まれる倉梯《くらはし》（倉橋）にあったことがそれを裏付ける。

仁徳天皇の時として『古事記』、『日本書紀』に記される雌鳥女王《めとりのひめみこ》、隼別王《はやぶさわけのみこ》の伝承は、仁徳にそむいた二人が東方（『古事記』は大和の宇陀《うだ》の蘇邇《そに》、『日本書紀』は伊勢の蔣代野《こもしろの》）に逃げて殺害される話である。その逃亡の起点はいずれも倉橋山とされるので、磐余の地と分かちがたく結びついた伝承であることが確認できる。つまりこの伝承は、物語の舞台である仁徳の王宮が、磐余にあることを暗黙の前提として描かれていることになる。そうでなければ、二人の逃亡はなんとも説得力を欠く展開となってしまう。『古事記』、『日本書紀』は、仁徳の宮が難波《なにわ》にあったことを記すが、そのこととは別に、奈良盆地東南部にも拠点があったと考えるべきなのである。厩戸や鷦鷯のように一見、王宮とは結びつかないように思われる王名もまた、王宮と密接な関係にあることが確認できる。

このほか、地名にもとづく王名としては、宮の名にあたるような狭い地域ではなく、国や郡といった広域のものもある。しかし五世紀の名として確実な事例はきわめて少ない。応神の子には、淡路御原《あわじのみはら》、紀之菟野《うの》、三野《みの》（美濃）の三人の女王がみえるが、淡路や紀伊、それに美濃は、宮廷における儀式の際に食膳や水を貢納することが定められた、特殊な国々である（『延喜式』神祇七、践祚大嘗祭《せんそだいじょうさい》18由加物《ゆかもの》条、主水司《もいとりのつかさ》2御生気御井神《みしょうげのみいのかみ》条）。これらの女王はその貢納関係を象徴して造作された存在で、実在したとは考えにくい。また『古事記』には、反正天皇の子に甲斐郎女《かいのいらつめ》があることを記すが、『日本書紀』では「香火《かひ》」と記されることから、かならずしも国名とはいえない。古代の通称的な人名に「加比」があるので、この場合も通称と考えた方がよいだろう。

五世紀代で国にちなむ名を持つ事例としては、ほかに允恭天皇の子、但馬橘大郎《たじまたちばなおおいらつめの》皇女《ひめみこ》がある程度だが、この場合、同時に橘の名がつけられていることが注目される。橘と呼ばれる王が多いことから、この女王が特別な関係にある――具体的には奉仕集団が存在したといった――国の名をつけて、ほかの橘王と区別したのであろう。広域の地名にちなむ王名は、時代が下ると多少、事例は増えるものの、確実と思われるものは六世紀を通じて一〇例に満たない（馬来田《まくだ》＝上総《かずさ》国望陀《もうだ》郡、山背＝山城国など、肩野＝河内国交野《かたの》郡、茨城＝常陸国茨城郡など、桑田＝丹波《たには》国桑田郡、尾張＝尾張国など、坂田＝近江国坂田郡、手島《てしま》＝摂津国豊島郡）。国や郡に関わる広域の地名を王名とする習慣は六世紀に成立するが、まだ一般的とはいえなかったことがうかがえる。

一方、宮の名にもとづく王名は、事例が多いだけでなく、特定の倭王や后妃の子に限らず、五・六世紀を通じて継続的に用いられる。このことは、この時期の王名の特徴をもっともよくあらわすのが、宮の名にもとづく名であることを示すものにほかならない。

権益の象徴としての宮の名

宮の名がなぜ王名に用いられたのか。王宮には、たんに王族が住まうだけではなく、宮の警護や経営に必要な人びとや物資が集められていた。五・六世紀の列島社会には、まだ租税や労役の負担が国家から課される仕組みは存在せず、王族や豪族たちは、彼らが支配する人びとから直接、物資や労役の提供を受けていたと考えられる。したがって、王族自身の宮の名で呼ばれることは、その宮に集積された物資や労役などの権益と、その王族が分かちがたく結びついていることをあらわしている。その支配と奉仕のシステムは、外面的な形式のみからすれば、中世の荘園制と似かよっているともいえるだろう。

王宮を結節点とする王族と人びとの支配・従属関係は、その宮や王族に仕える人びとが、六世紀以降に「部」という語をつけて呼ばれることで制度化される。たとえば日下の王宮や日下の名をもつ王族に奉仕する人びとは、日下部と呼ばれる（『古事記』仁徳天皇段、武烈天皇段など）。先にみた名代・子代にあたる。しかしこの関係は、かならずしも名代・子代として制度化されていなくても成り立つものであるし、現に成り立っていた。

たとえば允恭天皇の名は、『日本書紀』に雄朝津間稚子宿禰《おあさづまのわくごのすくね》とされるが、「アサヅマ」は大和国葛上郡《かずらきのかみ》朝妻郷にちなむ名であり、允恭が朝妻の地に王宮を構えていたことを示す。朝妻部というような名代・子代は存在しないが、近江国坂田郡朝妻郷をはじめとして、各地に「アサヅマ」の古代地名が残り、その周辺には允恭の子、安康《あんこう》（穴穂王《あなほのみこ》）と雄略（大泊瀬稚武王《おおはつせわかたけのみこ》）の名代・子代、穴穂部や建部が集中する。このことは、各地の朝妻の地に、朝妻王に奉仕する人びとがいたことを強く示す。

王宮を結節点とする王族と人びとの支配・従属関係は、部民制としてそれが固定化される以前から存在したのである。宮の名にもとづく王名とは、その王族がもつ人的・物的資財の標識のような役割を果たしていた。この点に、五・六世紀の王名と王宮の密接不可分な関係を見出すことができる。

3　分布の特徴

広い分布

ここでは、王名から見出すことのできる五・六世紀の王宮の分布形態をみておきたい。重要なことは、王宮の所在地が、これまで漠然と考えられてきた奈良盆地南部にとどまることなく、奈良盆地北部、京都盆地南部、大阪湾岸といった、近畿地方中心部の広い範囲に展開していることである（表2、図1）。奈良盆地南部には忍坂《おしさか》や長谷、軽や橘など、もっとも多くの地名が分布する。しかし一方で、奈良盆地北部の場合、春日や高橋、山田、矢田などの地名が確認でき、京都盆地南部には宇治や栗隈《くりくま》といった地名がみえる。

大阪湾岸には、先にみた日下のほか、住吉、丹比などの地名がある。記紀の倭王宮には、磐余、長谷、石上などの地名が伝承されており、このことは五・六世紀の倭国の中心が奈良盆地南部にあることを示すものと考えられてきた。しかしそれは七世紀後半に造作された倭王宮名というフィルターを通じてみたもので、十分な検討を経たものとはいえない。王名一般の検討によるならば、五・六世紀の王族の拠点は奈良盆地南部に限定されるものではなく、奈良盆地北部から京都盆地、大阪湾岸にかけて、近畿地方要部の広域に分布したことがうかがえる。

信頼度の低い『古事記』、『日本書紀』の王宮名に依拠するのではなく、より客観的な素材である王名によって王宮分布の広がりを確認できることの意味は大きい。これまで、『古事記』や『日本書紀』の王宮名をもとに論じられてきたのは、歴代遷宮論のほかは応神、仁徳の王宮が難波に置かれたことの意味程度であり、しかもその根拠は十分ではなかった。王名から宮の所在地を明らかにするという手法は、史料の制約からある程度自由な立場によって王宮分布の全体的な傾向を見出せる点で、有効な手法といえるだろう。

このほか、王名とは直接には結びつかないが、やはり王宮が広域に分布していたことを強く推定できる事例がある。記紀に、垂仁天皇の子、五十瓊敷命《いにしきのみこと》（五十瓊敷入彦命とも）が大阪湾岸、茅渟《ちぬ》と呼ばれた和泉南部の菟砥川上宮《うとのかわかみのみや》に居したことがみえる（『古事記』は鳥取之河上宮。以下、河上宮と記す）。伝承的な天皇の時の記事であることも手伝って、河上宮の実在性が論じられたことはほとんどない。しかしその名からすれば河上宮に奉仕した可能性が高い川上舎人という名代・子代が存在するので（『日本三代実録』貞観四〈八六二〉年七月二八日乙未条）、河上宮が実在した可能性は高い。

また『日本書紀』は、五世紀前半の允恭天皇の寵姫《ちょうき》、衣通郎姫《そとおしのいらつめ》が、その同母姉の忍《おし》坂大中姫《さかのおおなかつひめ》の嫉妬により遠ざけられ、茅渟宮に住んだことを記す。衣通の名は、『古事記』では允恭の子で、同母兄弟である木梨軽王《きなしのかるのみこ》との悲恋で知られる軽大郎女《かるのおおいらつめ》の別名として用いられており、禁断の恋に落ちた悲劇の女王の名として伝承されていたものと思われる。衣通郎姫には弟姫《おとひめ》という別名が伝わっているが、伝承上の衣通郎姫と実在した弟姫は区別して考えた方がよい。

このようにみた場合、やはり忍坂大中姫の弟姫の位置にある田井中比売《たいのなかつひめ》という人物のために、河部《かわべ》という名代が置かれたとする記事があることが注目される（『古事記』允恭天皇段）。川上の上はほとりを意味する語なので、河部と川上舎人は同じ河上宮に奉仕する人びとという意味で同義といえる。茅渟宮つまり河上宮に住んだ弟姫とは、じつは田井中比売にほかならない。垂仁と允恭の伝承にみる河上宮と茅渟宮の伝承を合わせ考えることで、五世紀中頃の大阪湾岸南部に、河上宮が実在したことが裏づけられるのである。

もう一例、『古事記』は、六世紀前半の宣化天皇とその后妃、大河内稚子媛《おおしこうちのわくごひめ》（『古事記』では川内之若子比売と表記）の間に、上殖葉王《かみつうえはのみこ》、火焔王《ほのおのみこ》という二人の子があったことを記す。『日本書紀』では、上殖葉王の母は王族出身の橘仲女王《たちばなのなかつひめみこ》とされるが、これは後世の造作の可能性が高い（長山泰孝「猪名県と為奈真人」）。

大河内稚子媛は大阪湾岸を拠点とする凡河内《おおしこうち》氏の出自であり、上殖葉王、火焔王のいずれも大阪湾岸北西部の猪名《いな》地域を拠点とする豪族の始祖とされる（上殖葉王は偉那公《いなのきみ》、火焔王は椎田公《しいだのきみ》）。これは、彼らと猪名の地が密接に結びついていたことを物語る。偉那公は後に王族の末裔であることを公式に認められたことにより、真人《まひと》という高い称号（姓《かばね》）を得る。『新撰姓氏録』や『日本三代実録』などの平安時代はじめの史料には、猪名の地に火焔王の後裔と称する川原公《かわはらのきみ》が居住しており、為奈《いなの》真人と同族であることを主張して高位の姓を獲得し、みずからの地位を上昇させることに成功した記事がみえる。こうした事例からすれば、宣化天皇と大河内稚子媛の子の宮が猪名地域に置かれた可能性は高い。

以上、王名以外の事例から、五・六世紀の大阪湾の北西部と南部に、二つの王宮の存在が浮かび上がってきた。五・六世紀の王宮が広域に分布するという先の見通しは、これらの事例からも裏づけられたといえる。

ただし厳密にいうならば、王宮の分布の仕方は、五世紀と六世紀では無視できない違いがある。近畿地方の要部には大和川、淀川《よどがわ》の二大水系が流れるが、その内、五世紀代の王宮は基本的に大和川水系流域に分布し、淀川水系流域には宇治など、ごくわずかしか分布しない。茨田、肩野（交野）、栗隈、殖栗《えくり》（いずれも山城国久世《くぜ》郡）など、淀川水系流域にまとまった王宮がみえるようになるのは、六世紀初頭の継体朝以降のことである。この傾向は『日本書紀』にみえる継体天皇の諸宮が淀川水系流域にまとまってみえることとも一致する。この王宮分布の変化が何を意味するのかは、終章でまとめて論じることにしよう。

くり返し用いられる王名

王名からみた王宮分布には、もうひとつの特徴的な傾向が見出せる。それは、同じ王名がくり返し用いられることから推定できることなのだが、王宮には、世代を越えて継続的に利用されるものがあり、しかもそれは奈良盆地南部に集中する傾向がある、ということである。

まず、宮名にもとづく王名五九例の内、くり返し用いられるのは二五例である（表2）。

二五例の内、一五例が奈良盆地南部の宮名で占められる。残る一〇例の内、五例が奈良盆地北部であり、大阪湾岸は三例、京都盆地南部は二例にすぎない。数の問題だけではなく、奈良盆地南部でくり返される王宮には、倭王や倭王に準じるような有力な王族の宮と考えられてきたものが多い。長谷は奈良盆地から伊勢、東国に通じる要路にあたるが、その名を持つ王として大泊瀬稚武王（雄略天皇）、長谷部《はつせべ》若雀《わかさざき》王（崇峻天皇）、泊瀬王（聖徳太子の子）がある。雄略の子、清寧天皇は白髪王《しらかのみこ》の名を持ち、生まれながら白髪であったと説明されているが（『日本書紀』清寧天皇即位前紀）、実際には「シラカ」は長谷の地名の一部である。

本来は鳥の名である鷦鷯が、仁徳、武烈、崇峻という、長谷や磐余などに宮を置いた倭王に用いられることは先にみた。忍坂（大和国城上《しきのかみ》郡）や軽（同国高市郡）など、倭王の宮としてはみえないが、その名を持つ押坂彦人大兄王《おしさかのひこひとのおおえのみこ》（敏達《びたつ》天皇の子）や木梨軽王（允恭天皇の子）は倭王の地位につくことを期待されていた有力な王族である。王の名としてくり返し用いられる王宮は奈良盆地南部に集中し、しかもそれらはほかの王宮にくらべ、重要な位置にあったことがうかがわれる。

倭王宮の特殊性

このことと関連して興味深いのが、五世紀以来、倭王宮が置かれた長谷、磐余、石上の地に、長谷部、磐余部、石上部という王宮に仕える人びとが置かれ、その特殊な性格を指摘できることである。

『古事記』、『日本書紀』はこれらの地に置かれたとされる王宮名を記すが、それらを後世の造作として信頼しない場合でも、王名との対応などから王宮が実在することを推定できる。長谷の場合、先にみたように雄略、武烈、清寧の三人の倭王があり、磐余については、仁徳の王宮が長谷または磐余にあった可能性が高い（本章第二節）ほか、継体天皇を指す「平富等大公王《おおどのおおきみ》」が「伊波礼宮」にあったことを記す史料がある（「上宮記」一云）。後世の造作らしい要素を含まないので、認めることができるだろう。

このほか、崇峻（長谷部若雀王）の王宮が置かれた倉梯《くらはし》は『上宮聖徳法王帝説《じょうぐうしょうとくほうおうていせつ》』に「石《いわ》寸神前宮《れのかんざきのみや》」と記され、敏達（訳語田渟中倉太珠敷王《おさだのぬなくらのふとたましきのみこ》）の王宮が置かれた他田宮《おさだのみや》は『帝王編年記』や『扶桑略記《ふそうりゃっき》』という後世の史料に「磐余訳語田《いわれのおさだ》」と記されるなど、それぞれ磐余に含まれると考えられていた。石上には、安康《あんこう》天皇（穴穂王《あなほのみこ》）の石上之穴穂宮があった。また記紀の系譜には天皇とはされないが、履中《りちゅう》天皇の子、市辺押磐王《いちのべのおしはのみこ》は「市辺宮《いちのべのみやに》治天下天万国万押磐尊《あめのしたしらししあめよろずくによろずおしはのみこと》」（『日本書紀』顕宗天皇即位前紀清寧天皇二年一一月条）、「市辺天皇命」（『播磨国風土記』美嚢郡志深里《みなぎぐんしじみのさと》条）などの称号が異なる史料によって伝えられること

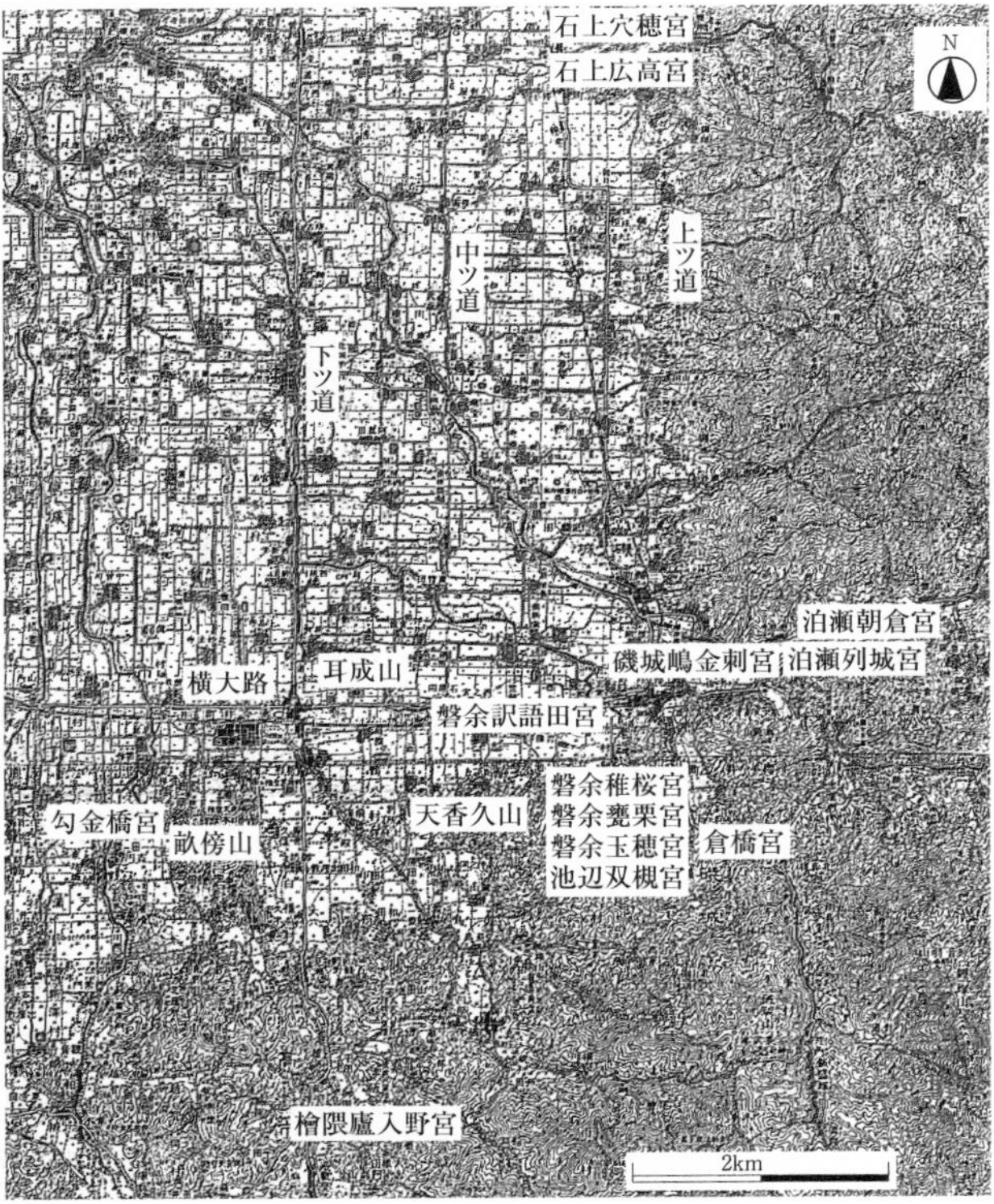

図２　奈良盆地における５・６世紀の倭王宮（戦前期５万分の１地形図を利用）

	倭王名	宮号―要素	個別の名代
磐余	17　履中（大兄去来穂別）	稚桜宮―氏族名	日下部カ（河内・大戸郷、日下部郷に隣接）
	22　清寧（白髪）	甕栗宮―佳号	白髪部
	※26　継体（男大迹）	玉穂宮―佳号	…（新王系のため名代なし）
	※31　用明（橘豊日）	池辺双槻宮―地名・事物	橘戸 他田舎人他
	※30　敏達（他田）	訳語田・幸玉宮―佳号	鷦鷯部
	※32　崇峻（泊瀬部稚鷦鷯）	倉梯宮―地名	
長谷	21　雄略（大泊瀬稚武）	朝倉宮―地名	建部
	25　武烈（小泊瀬稚鷦鷯）	列城宮―事物	鷦鷯部
石上	20　安康（穴穂）	穴穂宮―地名	穴穂部
	24　仁賢（億計）	広高宮―佳号	…（父の謀殺により逃亡、独自の名代なし）
	磐坂市辺押磐王	市辺宮―地名	泊瀬部カ（磐坂は泊瀬の地名）

磐余・長谷・石上の倭王宮

・図中の※は6世紀の倭王宮

・磐坂市辺押磐王は倭王として即位した可能性を考える

から、一時的にせよ倭王として即位していた可能性が高い。市辺もまた、石上の地名の一部である。五世紀以来、長谷、磐余、石上には倭王の宮が置かれていたと考えてよい。

それぞれの倭王宮には、長谷部（泊瀬部なども表記）、磐余部（伊波礼部、石寸部なども表記）、石上部と名づけられた人びとが各地から集められ、その宮に住む王族に仕えた。王宮に配置され、その王宮に住む王族に仕える人びとという点では、彼らと、たとえば先にみた日下部との間に基本的な相違はない。彼らが特殊な性格をもつことは、長谷、磐余、石上の王宮は存在しても、その王宮名だけを名とする王族は基本的にいないところにあらわれている。

長谷の場合、雄略（大長谷若建王）、武烈

允恭＝忍坂大中姫
→大泊瀬稚武王（雄略）

大泊瀬稚武王（雄略）＝童女君（和珥系）
→春日女王（和珥系）

仁賢＝春日女王（和珥系）
→小泊瀬稚鷦鷯王（武烈）

欽明＝小姉君（蘇我系）
→長谷部若雀王（崇峻）

厩戸王＝菩岐岐美郎女
→泊瀬仲王

ハツセ王の系譜

応神＝仲姫
→大鷦鷯王（仁徳）

仁賢＝春日大娘（和珥系）
→小泊瀬稚鷦鷯王（武烈）

欽明＝小姉君（蘇我系）
→長谷部若雀王（崇峻）

サザキ王の系譜

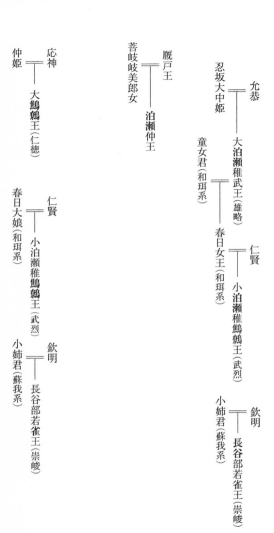

（小長谷若雀王）は長谷《はつせ》を名の一部とするが、二人にはそれぞれワカタケル、ワカサザキの別名があり、建部《たけるべ》、鷦鷯部と呼ばれた人びとが仕えることになっていた。清寧（白髪王）には白髪部が存在する。「シラカ」は長谷に含まれる地域名だが、清寧は雄略と葛城円《かづらきのつぶらの》大臣《おおみ》の娘、韓媛《からひめ》との間の子で、円大臣は雄略その人によって誅殺《ちゅうさつ》されているので、「シラカ」の名は雄略の下で生育されたことを示しているのだろう。いずれにしても白髪部と長谷部は別の人びとである。

　磐余に倭王宮を置いた可能性がある仁徳には鷦鷯部がある。継体の実名、男大迹王に対応する奉仕集団はみえないが、もともと近江と越に出自を持つ継体に当初から奉仕集団が存在した可能性は低い。倭王となる以前の継体には、独自の奉仕集団は存在しなかったのだろう。石上に倭王宮を置いた安康には穴穂部があった。ただし市辺押磐王には磐坂王《いわさかのみこ》の名もあり（『日本書紀』顕宗天皇元年二月是月条）、磐坂は長谷に含まれる地名であることから、長谷部があてられていた可能性もあるが、残された史料からはわからない。

　以上の検討から、長谷、磐余、石上の地に宮を置いた倭王は、基本的には王族としてそれぞれ個別の奉仕集団を抱えていたうえに、重ねて長谷部、磐余部、石上部による、いわば二重の奉仕を受けていたといえる。これら三つの集団に属する人びとは、個別の王族に仕えたわけではなく、倭王として半ば固定化された王宮に仕えるための、特別な存在だったのだ。五・六世紀の段階で、奈良盆地東南部の倭王宮は、ある程度固定的かつ継続的に運用されていたことになる。

中枢部王宮群と周縁部王宮群

これまで、奈良盆地南部に継続的に利用される王宮が集中し、盆地東南部の長谷、磐余、石上の地に、倭王宮が半ば固定的に置かれていたことをみてきた。このことは、奈良盆地南部の王宮群が倭王および倭王に並ぶ王族の宮として重要な位置を占めたことを示している。それ以外の地に置かれた王宮群からは、大阪湾岸のように倭王が拠点を置いたとされる事例もあるが、その事実は王名からは確認できないか（応神、仁徳の難波の王宮）、または確認できたとしても短期間で終わる（反正の丹比の王宮）。その大部分は、倭王以外の王族の王宮として用いられたものである。両者の間には明らかな差がある。この理解にもとづき、奈良盆地南部に営まれた王宮群を中枢部王宮群、それ以外の奈良盆地北部、京都盆地南部、大阪湾岸の王宮群を周縁部王宮群と呼びたい。

ただ中枢部王宮群と周縁部王宮群の関係を、たんに優劣の問題と位置づけるだけでは単純にすぎる。王宮はいうまでもなく王族の居地であり拠点であるから、それぞれの王宮群がなぜ必要とされたのか、その理由をそこに居した王族の性格と共に明らかにしなければば、問題解決とはいえないだろう。そのことを考えるためにも、もう少し、王宮そのもののあり方を検討しておきたい。

4　王宮の軍事的性格

王宮の立地

古代の王宮といえば、広大な平坦地に方形に区画された宮域を設け、そこに整然と建物や空間を配置する、というのが一般的なイメージだろう。七世紀末に造営された藤原宮や、八世紀初頭の平城宮がその典型である。そうした王宮の中心には天皇が登場する建物があり、その前面には臣下や外国使節が参集する広場が設けられた。広大な空間と巨大な建物群は、天皇の絶大な権威と権力を示し、参集者を圧倒する装置として機能した。しかし五・六世紀、特に五世紀の王宮はそうではなかった。前節で、特に重視された王宮が奈良盆地南部に集中していたことを述べたが、これらの多くは丘陵や谷の中の狭い場所に造られている。長谷は奈良盆地から東に入る谷の中であり、磐余は奈良盆地南部の丘陵地帯である。忍坂は長谷と磐余の中間に位置する文字どおりの傾斜地である。軽や石上もまた、丘陵と平野の接する地である。

こうした土地に、後世のような大規模な王宮が配置されたと考えるのには無理がある。長谷の地にある脇本遺跡（奈良県桜井市）では五世紀代の大型建物跡が発掘され、雄略天皇の王宮に比定する案があるが、それでも谷の中に七世紀後半の王宮に匹敵するような大規模な建物群と儀礼空間の存在を想定するのはむずかしい。そもそもこの時代には、百舌鳥《もず》古墳群や古市《ふるいち》古墳群のような巨大な王陵を、人びとにみせつけるにふさわしい場所に作る意志と技術が存在したのだから、平坦な場所に威儀の整った王宮を作ることも可能だったにちがいない。五世紀代の王宮は、倭王が居するような重要な宮であったとしても、わざわざ狭い場所を選ばなくてはならない状況が存在したと考えるべきである。

王宮の立地についてのこうした傾向は、中枢部王宮群に限らず、周縁部王宮群にも認められる。奈良盆地北部の春日や矢田は、奈良盆地を取り囲む丘陵地帯の一画にあたる。大阪湾岸の日下は生駒《いこま》山地と草香江《くさかえ》などと呼ばれた湖沼に挟まれた地であり、丹比は「多遅比野」と野をつけて呼ばれたように、未開の地であったと考えられる。

武器・武具の製作と保管

五世紀の王宮のこのような立地は、何を意味するのだろうか。このことを考えるうえで興味深い現象が二つある。一つは中枢部王宮群と周縁部王宮群の双方に関わる軍事的性格であり、もう一つは、周縁部王宮群と王族の反逆伝承の結びつきである。

文献史料で王宮の軍事的性格を端的に示すのは、周縁部王宮群に属する大阪湾岸の河上宮と、中枢部王宮群の一つ、石上の王宮に関わる伝承である。『古事記』、『日本書紀』には、垂仁天皇の時に、河上宮で製作された刀剣が石上神宮に納められたとする伝承がみえる。『日本書紀』には本文と異伝があるので、細かくみれば合わせて三つの伝承が存在するのだが、共に河上宮で製作された武器が石上に集積され、管理されたことを語る点は変わらない。

河上宮は鳥取の河上宮とも呼ばれたが（『古事記』）、それは直接には、この宮が和泉国日《ひ》根《ね》郡鳥《と》取《とり》郷にあったことにちなむものである。鳥取の地名は、この地が鳥取氏の拠点でもあったことを物語る。鳥取氏の本拠、河内国大《おお》県《がた》郡には、五世紀前半における倭国最大級の製鉄遺跡、大《おお》県《がた》遺跡群がある。以前から、河上宮の武器製作伝承を鳥取氏のもたらした製鉄・鉄器生産技術によるものとする指摘があったが（横田健一『日本古代神話と氏族伝承』）、大県遺跡群の発見によって、この説の妥当性が確かめられたといえる。河上宮は軍事的性格の濃厚な王宮であった。

石上神宮については、平安遷都後一一年を経た延暦二四（八〇五）年、同社に保管されていた武器（兵仗《へいじょう》）を京近郊に移したところ祟りが続き、返納することにしたが、そのために要した人員はのべ十五万七千余人に上ったという記事がある（『日本後紀』同年二月庚戌条）。石上社には膨大な武器が保管されていたことがうかがわれるが、その由来は、歴代の天皇がこの神宮にやってきて武器を奉納したからとされる（同条）。

天皇との関係が強調されるのは、もちろん同社の権威を高めることと関係するが、それだけではないだろう。同社に実際に武器・武具が保管されていたことは、同社に伝来する古墳時代の巨大な鉄製盾二面の存在から裏づけられる。『古事記』、『日本書紀』には、仁徳天皇後に即位した履中天皇が難波で弟の住吉仲王《すみのえのなかつみこ》の襲撃を受けた際、石上神宮に難を逃れたことが記される。

このことと、大量の武器・武具の存在は無関係ではないだろう。また同社に百済の王子から倭王に贈られた七支刀が伝来することは、石上の地と王族の密接な関係を物語る。同社の正式な名称、石上坐《いそのかみにます》布都御魂《ふつのみたま》神社《じんじゃ》とは、刀剣がものを鋭く切断する際の「フッ」という音にちなむという説が思い出される（松前健「石上神宮と神話伝承」）。同社の武器・武具は、それが王族に近侍する物部《もののべ》氏の管理するものであることや、先にみた天皇との関係が強調されることから、天皇と深く関わることが指摘されてきた。そのことは、より直接的には本来、石上の王宮に保管された武器・武具類に端を発するものと考えられる。

以上のことは、石上の王宮が軍事的な性格を濃厚に帯びていたことを直接示す。しかしこれは、中枢部王宮群の中で、石上だけの特徴ではない。『日本書紀』の異伝は、河上宮の刀剣が石上に移る前に、いったん忍坂邑《おしさかのむら》に納められたことを記す。忍坂は、倭王に準じる格の高い王族の拠点となった宮である。この記事については従来、物部氏配下の刑部という人たちが「オサカベ（オシサカベ）」と呼ばれたことから、物部氏と忍坂の地の結びつきによるとする説が有力視されている（野田嶺志「物部氏に関する基礎的考察」）。しかしなお、なぜ忍坂の地に武器が集められたのか、物部氏配下の人びとがなぜ「オシサカ」の名で呼ばれたのかについては検討の余地がある。

軍事的要衝への立地

忍坂の軍事的性格を考えるうえで、初代神武天皇の大和平定にまつわる伝承は興味深い。この物語は、『古事記』、『日本書紀』の神武即位にまつわる一連の伝承の最後に位置づけられる。日向から瀬戸内海沿岸を経て熊野を迂回して大和に入った神武一行は、大和の諸集団の抵抗を制圧する。一行が宇陀《うだ》から奈良盆地に入るにあたり、忍坂の地に敵軍をおびき寄せて壊滅させたことが記される。『日本書紀』では、それは大伴《おおとも》氏の始祖、道臣命《みちのおみのみこと》とその配下の大来目部《おおくめべ》らの功業とされ（神武天皇即位前紀戊午年一〇月癸巳朔条）、記紀には、共に久米の人びとの軍功をたたえる歌が収められる。一方、『日本書紀』は、倭《やまとの》直《あたい》という氏族の始祖、椎根津彦《しいねつひこ》が、忍坂と墨坂《すみさか》に軍を二分して敵を挟み撃ちにしたと記す（同年一一月己巳条）。

実在したとは考えられない神武天皇の伝承は、全体としては後世に造作されたものである。この場合、大伴氏や倭氏が、みずからの祖先の功業を誇るためにこれらの物語を作り、それが記紀編纂の際に採録されたと考えられている。これらの伝承がそのまま歴史的な事実とは考えられない。しかしここでは、大伴氏や倭氏が造作を行うにあたり、共に忍坂の地を軍事的要衝としてとらえていたことが重要である。このような忍坂の地に置かれた王宮が軍事的性格を帯びることには必然性があり、そこに武器・武具類が集積されたことも虚構とは言いがたい。同じ一連の伝承の中で、王宮の地、磐余もまた敵軍が充満する要害の地であることが記される（『日本書紀』神武天皇即位前紀戊午年九月戊辰条）。

神武天皇の大和平定伝承が示すのは、倭王をはじめとする有力な王族の宮が置かれた忍坂や磐余の地が、共に軍事上の要衝の地とみなされていたことである。そのことは、神武に関する伝承の全体が虚構であることとは別に、奈良盆地におけるこれらの地域の軍事的性格を裏づけるものと理解する必要がある。忍坂や磐余に限らず、五世紀の中枢部王宮群が平坦地ではなく、丘陵や谷に置かれたのは、その軍事的機能が重視されたためであった。

このことは、五世紀の倭国が置かれていた状況を考えるうえで、きわめて重要な問題といえる。しかも、それが王名にもとづく王宮の分布状況と、記紀の伝承の分析の双方から見出せるということは、記紀の伝承を歴史学の方法にしたがって分析することで、歴史的実態に接近できる可能性があることも意味している。

周縁部王宮群と王族の反逆伝承

このような立場から、中枢部王宮群に限らず、周縁部王宮群をも見渡した場合、興味深いのは、五世紀の周縁部王宮群の所在地が、王族の反逆伝承地と一致していることである。奈良盆地北部の佐保《さほ》では、垂仁后妃の狭穂姫《さほびめ》の兄、狭穂彦《さほびこ》が反乱を起こすが敗れ、妹と共に火中に死したことが記される（『古事記』垂仁天皇段、『日本書紀』垂仁天皇五年一〇月己卯朔条）。京都盆地南部の宇治では、応神天皇の子で宇治宮にいる菟道稚郎子王《うじのわきいらつこのみこ》が、反乱を起こした大山守王《おおやまもりのみこ》を討伐する伝承がみえる（『古事記』応神天皇段、『日本書紀』仁徳天皇即位前紀応神天皇四一年二月条）。応神即位の際にも、応神にそむいた忍熊王《おしくまのみこ》が宇治で討伐された話がみえる（『古事記』仲哀天皇段、『日本書紀』神功皇后摂政元年三月庚子条）。仲哀《ちゅうあい》天皇の時には、越国から朝廷に白鳥を貢納するための使者が宇治川のほとりに宿泊した際、仲哀の異母弟、蘆髪蒲見別王《あしかみのかまみわけのみこ》が白鳥を強奪し、そのために仲哀に誅殺されたとする伝承がみえる

(『日本書紀』仲哀天皇元年閏一一月戊午条)。

大阪湾岸の日下は、神武一行が生駒山《いこまやま》を越えて大和に入ろうとしたところ、神武より先に大和に居住していた皇孫、長髄彦《ながすねびこ》(『古事記』に登美能那賀須泥毘古《とみのながすねびこ》)が「孔舎衛坂《くさえのさか》」でこれを妨害したため、一行は紀伊へ迂回したとする(『日本書紀』神武天皇即位前紀戊午年四月甲辰条)。安康天皇の時には、仁徳天皇の子、大日下王が坂本臣の祖、根使主《ねのおみ》の讒言《ざんげん》により殺害され、その妻、長田女王《ながたのひめみこ》は安康后妃、妹、若日下女王は安康の弟、大長谷王(雄略天皇)の后妃とされたとされる(『古事記』安康天皇段、『日本書紀』安康天皇元年二月戊辰朔条)。大日下王らの拠点は、この伝承自体には明示されていない。しかし『古事記』は、雄略天皇が若日下女王の妻問いのため、河内の日下に出かける伝承がみえることから、大日下王らが日下の王宮に暮らしていたことを前提とすべきと思われる。

同じ大阪湾岸の住吉《すみのえ》では、応神天皇が筑紫《つくし》から帰還する際、異母兄の忍熊王が播磨の明石で応神に反旗をひるがえした後、いったん住吉に軍を集めて滞在したとされる(『日本書紀』神功皇后摂政元年二月条)。履中即位の際には住吉仲王が反乱を起こすが、その宮は住吉にあったと思われる。履中天皇の時、履中の召喚の命令に応じなかった鷲住王《わしすみのみこ》の居地もやはり住吉とされる(『日本書紀』履中天皇六年二月癸丑朔条)。

このように、天皇に対して反乱を起こしたり、命にしたがわなかったりする王族の伝承の舞台は、多く五世紀の周縁部王宮群の所在地と一致する。これらの伝承が作られたのがいつか、正確なことはわからない。また王宮の存在がどの段階からこのような形を取るようになったのかも、はっきりとはわからない。しかしこの一致は、少なくとも五世紀の段階で、周縁部王宮群の所在地が、倭王と対立する王族の拠点として認識されていたことを示している。

したがって周縁部王宮群とは、対立する王族同士の争いに対応して作られた軍事拠点であった可能性が高い。つまり五世紀の王宮は、中枢部王宮群にせよ周縁部王宮群にせよ、その第一の特徴は軍事的性格にあるのである。これは、今までの王宮をめぐる議論からは抜け落ちていた視点だが、王宮を個別単体の立地で捉えるのではなく、包括的に捉えることでみえてくる問題である。

こうした前提に立てば、王宮についての分析は、それ自体としての意味を超えて、その王宮を拠点としていた王族とは、また倭国の支配勢力とはどのようなものだったのか、という次の問題にたどり着く。平坦地での壮麗な王宮の造営よりも丘陵や谷の防御機能を優先せざるを得なかった五世紀の支配勢力に、強大な権力があったと考えてよいのだろうか。各地で対立をくり返す王族とは、たんに王族と呼んで片付けてしまえるほど、均質な存在といえるのだろうか。

王族の反逆伝承は、実在した可能性の低い天皇の時のこととされるものも多い。これらの伝承が事実そのものである可能性も低いだろう。必要なのは、こうした伝承の基層に、歴史的事実と考えてよい要素が含まれているかどうかを検討することである。そのことは必然的に、伝承にみえる王族とはどのような存在なのか、その性格を検討することにもつながる。章をあらためて、五・六世紀の王族とは何か、検討してみたい。

第二章　王とはどのような存在か

1　王と王族

王・倭王・大王

三世紀以来、倭国の統治者としての倭王が存在したことは、「魏志倭人伝」に、景初二（二三八）年、魏に使者を送った邪馬台国の女王卑弥呼が「親魏倭王」の称号を授けられたことから明らかである。この段階の倭は三〇あまりの国に分立し、それぞれの国に王が存在したが、卑弥呼がそれらの王を超越する権威を得るためには、当時の東アジア世界の中心にあった魏の承認が大きな効力を発揮した。

卑弥呼の逝去後に立った男性の王が倭王の地位を得たかどうかはわからない。この王に国内が服従しないことから一三歳で女王として立てられた卑弥呼の後継者（宗女《そうじょ》と記される）、台与は、正確には倭王の称号を得たという記録はないが、魏に継続して使者を送っており、魏もまた台与を支援していることが「魏志倭人伝」に明記されている。また二六六年、魏を滅ぼした晋に、「倭女王」が使者を派遣しており（『日本書紀』神功皇后摂政六六年条所引晋起居注、『晋書』武帝紀泰始二年一一月己卯条）、これは台与にあたる可能性が高い。台与もまた、倭王の地位を中国から認められていたのだろう。

その後、およそ一世紀を経て、三六九年に百済の王族から倭に贈られた七支刀には「倭王」の文字が刻まれている。四世紀後半に倭王が実在したことは確実である。五世紀に入ると、中国・南朝の宋に使者を派遣した讃・珍・済・興・武の五人の倭王（倭の五王）がくり返し倭王の称号を確認されているように（『宋書』）、五世紀においても、倭王とは倭国内だけではなく、中国からの承認を必要とする国際的な称号であった。五王は同時に百済や新羅《しらぎ》など、朝鮮半島諸国の軍事支配権の承認をくり返し求めているように、倭王の称号を認められることは、たんに列島社会の支配権の承認にとどまるのではなく、朝鮮半島諸国との関係を優位に進めるためにも重要な意味を持っていた。

倭国の中では、倭王はどのように称されたのか。有力な手がかりとなるのは、刀剣や銅鏡に刻まれた銘文である。五世紀中頃から後半の築造と考えられる千葉県稲荷台一号墳から出土した鉄剣には、「王賜」の銘が刻まれていた。倭国内のどこかにいた王から、おそらく古墳の被葬者に授けられたことを記念する銘文だが、この王がどのような存在であったのか、字面だけからではわからない。しかし文字の寸法や字配りに着目してみると、王の字がほかより大きく、また強調されるように配列されている。擡頭法《たいとうほう》という、文字に記された対象に敬意を表す書法である。この鉄剣に記された王とは、ほかの王とは異なる存在として特に重視された王であった。これまでにも指摘されているように、この王は倭を

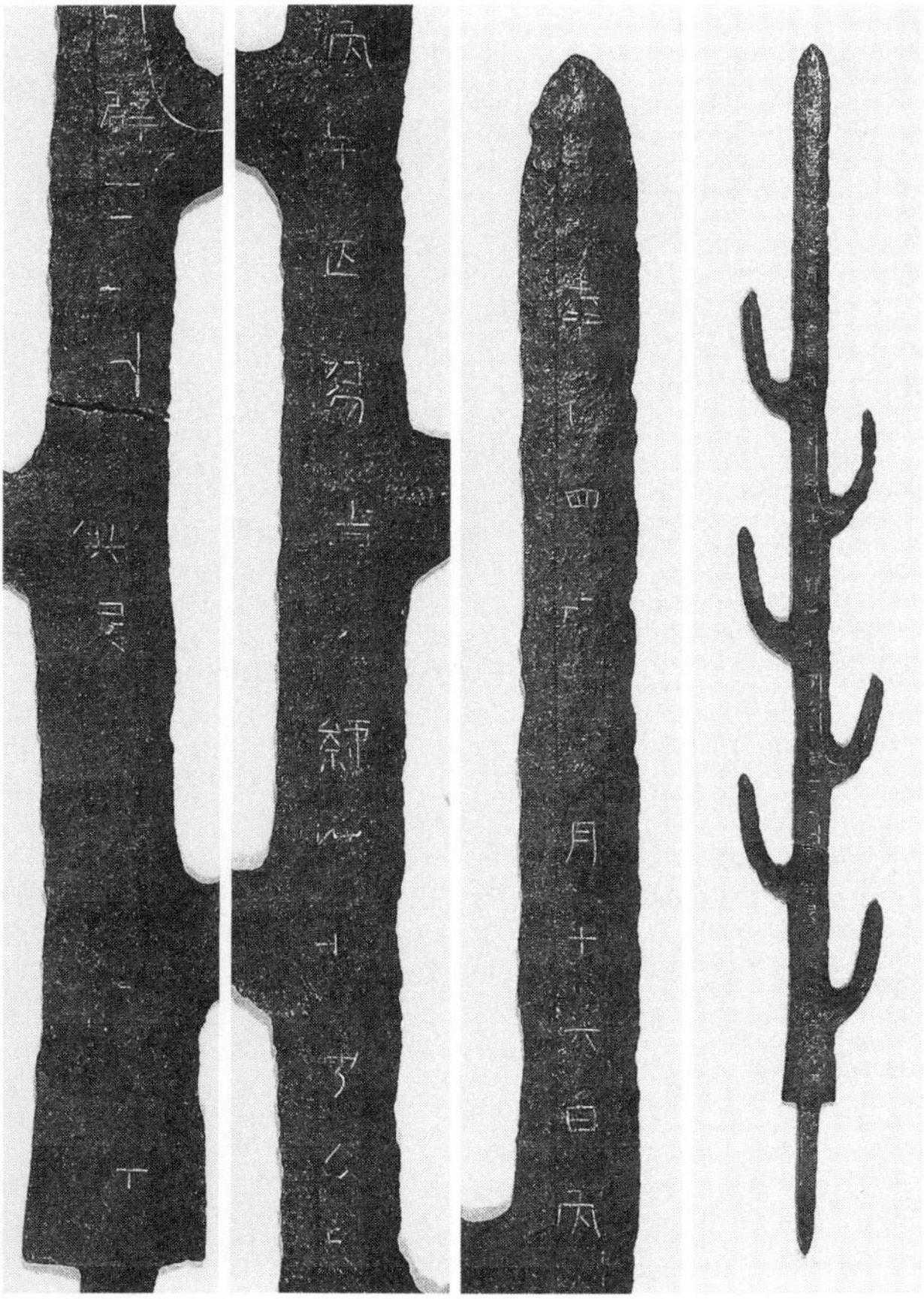

七支刀（表）
石上神宮（奈良県天理市）に伝来。冒頭の「泰□四年」を泰和と読み、中国・東晋の年号、太和４（369）年と解する説が有力

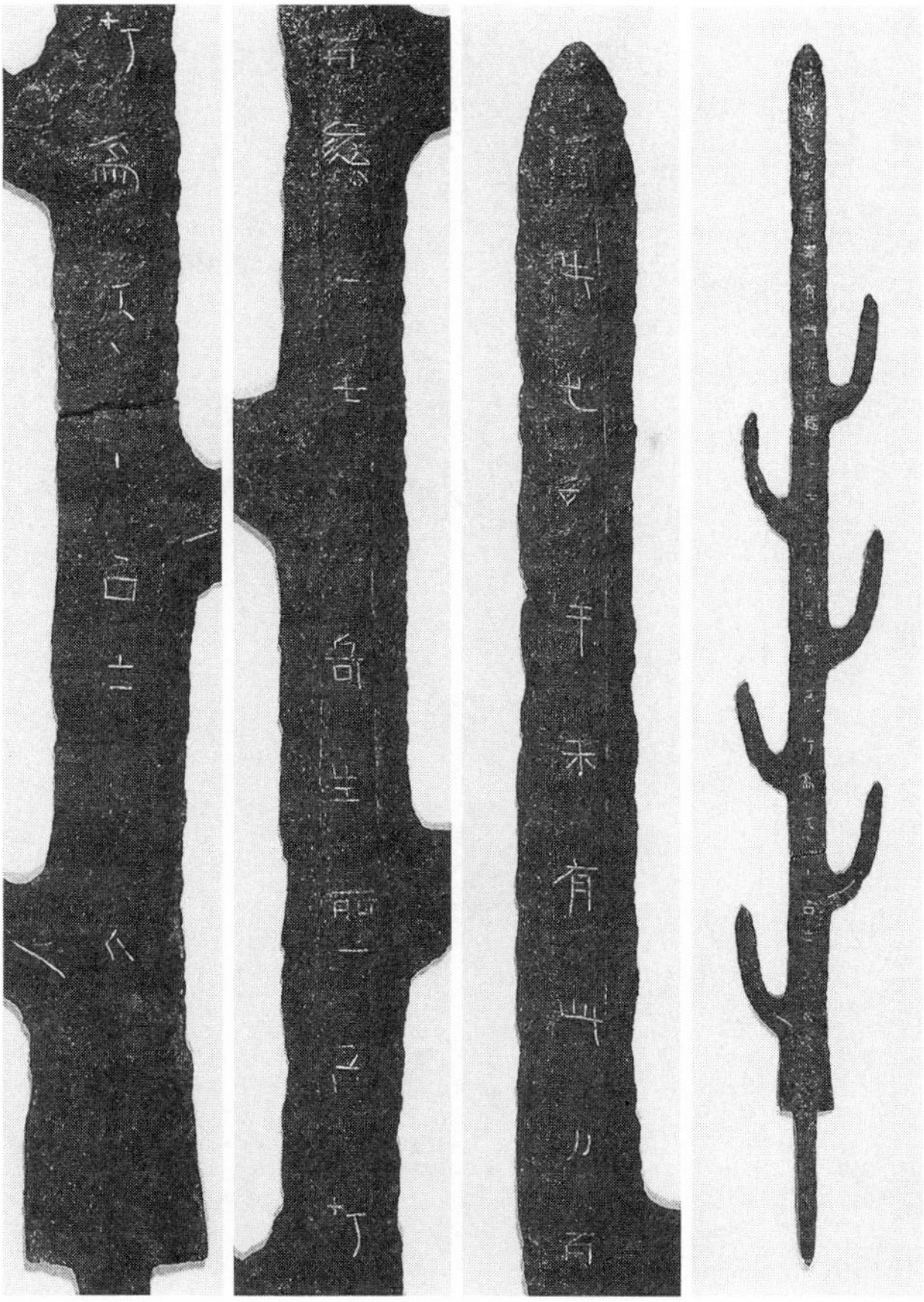

七支刀（裏）
裏面に刻まれた「百済王□子」は「百済王世子」、つまり百済の太子を指すと解されている。当時の百済太子（後の貴須王）から倭王に贈られたのがこの七支刀である旨が刻まれている（第二章第四節を参照）

統治する王であった可能性が高い。

このような表記は、五世紀の倭国に複数の王が存在したことを前提としている。ただ一方で、倭王の地位が血縁によって世襲されるようになる六世紀中頃を重視する立場か

稲荷台1号墳出土「王賜」銘鉄剣
「王」を強調する擡頭法が用いられている

ら、五世紀代には倭王は存在しても王族という明確な地位は存在しなかったとする説もある。たしかに五世紀以前の社会は、血縁関係のみで倭王の地位が継承されるような、安定した段階ではなかった。しかしそのこととは別に、倭王のほかに複数の王族が存在する必然性が存在した。それについては追々みてゆくことにして、まずは倭王以外に王族が存在したと考えられる事例を挙げておきたい。

『宋書』には、五世紀前半、倭王珍が使節を派遣した際、倭隋《わずい》ら一三人が珍と共に皇帝から将軍号を得たことが記される。珍と倭隋らの将軍号はほぼ同格で、国号と同じ倭を姓とした隋を王族の一員とする説がある（武田幸男「平西将軍・倭隋の解釈」）。五世紀の倭国には倭王だけでなく、倭王と肩を並べる複数の王が存在し、その中から特別な地位にあることが認められた「王」もいた。こうした特別な「王」が倭を代表して、中国から倭王としての地位を認められたのである。

五世紀後半には、さらに「大王」の称号があらわれる。埼玉県稲荷山古墳出土の鉄剣、熊本県江田船山古墳出土の鉄刀には、雄略天皇を指す「ワカタケル大王」（獲加多支鹵大王）の名が刻まれている。稲荷山古墳の鉄剣には、四七一年にあたる「辛亥年」の文字が刻まれており、ワカタケル大王は五世紀後半の人物であることが明らかである。これらの刀剣には、名の前に「治天下《じてんか》」の文言があるので、「治天下大王」を称号とする説もあ

稲荷山古墳出土鉄剣。冒頭白線の部分に辛亥年、裏面の白線の部分に「獲加多支鹵大王」とある。意富比垝《おおひこ》から乎獲居臣《おわけのおみ》（オワケコと読む説もある）に至る八代の系譜が記され、オワケがワカタケル大王の斯鬼宮《しきのみや》（磯城《しき》にあった長谷の王宮を指すか）で「杖刀人」として仕えたことが記される

るが、いずれにしても、遅くとも五世紀後半、雄略天皇の時には、大王の称号が成立していたことになる。

大王号が王の中で特別に有力な人物に対する称号であることはいうまでもなく、ワカタケル大王が倭の五王の武にあたることからすれば、五世紀後半には、倭国内で大王とされる人物が国際的には倭王の地位を要求できる存在であったことがわかる。王の中の王を意味する大王という称号が成立していたことは、これまでの過程も踏まえるならば、この段階の倭国に複数の王が存在したことを強く示唆している。

和歌山県隅田八幡神社蔵人物画像鏡

和歌山県隅田八幡神社に伝わる人物画像鏡には、五〇三年にあたる癸未年、曰十大王《おおしのおおきみ》の時に、意柴沙加宮《おしさかのみや》（忍坂宮。現在の奈良県桜井市忍阪）にいた男弟王に対して、百済の斯麻《しま》（武寧《ぶねい》王《おう》）から贈られた鏡である旨の銘文が刻まれている。曰十大王は諸説あるが仁賢天皇（オホシ

隅田八幡神社蔵人物画像鏡の銘文（展開）
第１行目に「癸未年八月曰十大王」、第２行目下から３文字目より第３行目にかけて「意柴沙加宮」とある。百済の王族、斯麻（後の武寧王）から男弟王（継体天皇）に贈られたものであることが記される

王。億計王とも)、男弟王は継体天皇とみられる。六世紀初頭にもまた、大王と同時に王が存在したことが示されているのである。

倭王の地位

倭国の支配権力の中心に倭王が存在し、共に王と称されたのが王族であるわけだから、彼らが倭国の社会に君臨する存在であることは明らかなように思われる。しかし王族の存在についてすら定まった学説がない状況では、王族とほかの支配勢力の関係、また王族同士の関係も十分に議論されてきたわけではない。ここではあらためて、五世紀の倭王とは、王族とは何か、これまでの研究も振り返りつつみてゆきたい。

五世紀の倭王についての見解として、これまで多くの支持を得ているのは、五世紀を通じてその権力がしだいに強大化し、五世紀後半、雄略天皇の頃に諸豪族の抵抗を抑えて専制的権力を確立し、その支配領域は東北地方南部から九州地方南部にまで拡大する、というものだろう。

倭王の支配領域については、『宋書』の倭王武の上表文に記される、武が平定したとする毛人《もうじん》五五国、西の衆夷《しゅうい》六六国、海北《かいほく》九五国をどこにあてはめるかによって左右されるところがある。とりわけ海北については朝鮮半島とする説が有力であり、そうであれば武は朝鮮半島の一部をもみずからの支配領域として主張していたことになる。しかし倭国の恒常的な支配領域は、前方後円墳が分布する東北地方南部から九州地方南部と捉えるのが妥当だろう。

ただし、その支配の内容をどのように考えるのかは、議論の余地がある。およそ四世紀末頃を境として、河内に築造されるようになった王陵は巨大化するだけでなく、副葬品その他の質量で他地域の古墳を圧倒する。しかし一方で、古墳が示すのは、同じ型式の墓を造り、同じ他界観による葬送の儀式を行うことによる、地域勢力間の同盟関係の確認の存在にすぎない。王陵が隔絶した質量を備え、それが倭王をはじめとする王族たちの実力を示すものであったにせよ、彼らにのみ許された独自の葬送制度が存在したわけではない。

この点、たとえば中国の王朝では、皇帝のみに許された独自の規格をもつ祖先祭祀（宗廟・社稷《しゃしょく》）および皇帝のみが挙行できた天帝・地帝を祭る儀礼（祭天地儀礼）が存在した。倭国の古墳における葬送儀礼のほかに王族の専制的権力を示す独占的な行為が存在したとすれば別だが、その存在を想定するのはむずかしい。

さらに、古墳の造営と葬送儀礼の挙行による同盟関係の確認は、かならずしも安定的なものではなかった。地域社会の中で盟主的な地位にある王族の古墳が造営される場所は一定しておらず、短期間で移動する事例が多くみられる。またこうした古墳造営地の移動が、大和・河内といった中央における古墳造営地の移動と密接に結びつく事例があり、古墳時代の政治秩序に激動する時期のあることが指摘されている（都出比呂志『前方後円墳と社会』）。五世紀の倭国に、一円的かつ安定的な統治体制が存在したと考えることもまたむずかしい。

こうしたことは、『古事記』、『日本書紀』の反乱伝承の理解についてもいえる。記紀には、雄略天皇を中心に、吉備や葛城をはじめとする各地の豪族の抵抗を天皇の側が制圧したとする伝承がみえる。また雄略とその兄、安康天皇の時には、対立する王族を殺害する伝承が集中する。こうした事例を事実の反映と捉えるならば、五世紀後半の倭王を中心とする勢力が、専制的な支配権力の樹立に成功したとみるべきである。

しかし一方で、五世紀の倭王に、列島の広範な地域を強力に支配する実力がそなわっていたのかどうかについて、疑いを持たざるを得ないような史料も存在する。倭の五王の一人、珍の時に、王族とみられる倭隋ら一三人が、珍と遜色のない称号（将軍号）を宋の皇帝から得たことは先に述べた。珍が得たのは安東将軍・倭国王というものだったが、倭隋らが得たのは平西《へいせい》、征虜《せいりょ》、冠軍《かんぐん》、輔国《ほこく》など、いずれも三品という同格の称号である。その中では安東将軍が第一に位置づけられ、倭隋の平西将軍はそれに次ぐなど、多少の差異はあるものの、倭王と王族の間にいちじるしい違いがあるとはいえない。ここには、五世紀段階での倭王とほかの王族との実力の関係が、正確に反映されていると考えるべきだろう。東アジア国際秩序の中では、倭王の地位は、倭のほかの王族と隔絶したものとは位置づけられていなかったのである。

『宋書』には、倭王の権力を考えるうえでもう一つの重要な手がかりが残されている。五王の中で、珍と済の間に血縁関係が記されていないという問題である。讃と珍は兄弟、済と興は親子、興と武は兄弟（したがって済と武も親子）であることがそれぞれ明記されている。しかし珍と済の関係について、『宋書』は何も記さない。このことに着目して、五王を讃と珍、済と興・武の二つの王統に区分して理解し、倭王の地位は複数の王統によって継承されていたとする説がある（藤間生大『倭の五王』）。『古事記』、『日本書紀』は、天皇の系譜を初代神武以来、一貫して天照大神《あまてらすおおみかみ》の子孫による継承として記す。倭王の王統が複数存在することになれば、五世紀にとどまらず、古代の天皇制を考える際の重要な問題となる。

宋に次いで建国した梁についての歴史書、『梁書《りょうしょ》』は、珍（『梁書』では彌）と済を親子とする。これによって、珍と済にはやはり血縁関係があり、『宋書』は何らかの理由でそれを書き漏らしたとする説もある。また親子や兄弟の関係にはなかったとしても、当時の王族は同じ倭姓を名乗っていたのだから、広い意味での同族と考えればよいとする説もある。

『梁書』と『宋書』では、『宋書』の方が成立は早い。『宋書』が最終的に完成するのは天監元（五〇二）年、『梁書』の完成は唐の貞観一〇（六三六）年である。後からできた『梁書』の情報を優先するのならば、それなりの理由が必要となる。また『宋書』の実録的価値が高いのに比べ、倭国伝を含む『梁書』の外国伝は諸書の記事を再編集した類書を素材としていることが指摘されている（山尾幸久『古代の日朝関係』）。総じて『宋書』の信頼度は『梁書』よりも高いといえる。

倭姓の問題についても、同じ姓を名乗ることがかならずしも血縁関係で結ばれた同族関係を示すことにはつながらない。稲荷山古墳出土の鉄剣には、鉄剣を製作させたヲワケの系譜が記されるが、オオヒコに始まりヲワケに至る八代は、すべて誰それの子、という形で記される。しかしこれは実際の親子関係を示すものではなく、血縁関係のない人物がその勢力の長の地位を継承した際にも、先代の長の「子」として記された、擬制的な系譜であることが指摘されている（義江明子『日本古代系譜様式論』）。これを地位継承次第と呼ぶが、こうした擬制的関係が存在した段階で、同姓であることが血縁で結ばれた同族であることをただちに示さないことは明らかである。『宋書』の記事は、倭王を出すことのできる、倭姓を名乗る複数の王統が存在したことを示している可能性が高い。

『宋書』が示すところをそのまま理解するならば、五世紀の倭国には倭王だけでなくほかの王族も存在し、そのなかで倭王の地位はかならずしも隔絶したものにはなっていなかったこと、倭王を出す王統自体も複数存在したことなど、倭王の専制性に疑問を持ちたくなるような情報が多いことになる。

倭王の統治の性格をどのように考えるのかについては、まだいくつかの問題が残されているように思われる。もっとも大きな問題は、これまで主に用いられてきたのが外国の歴史書や刀剣銘文など、倭国の統治体制を論じるには断片的で制約が大きい史料であることによるだろう。中央の支配勢力の権力構造や地域社会の問題を考えようとするならば、『古事記』、『日本書紀』に記された伝承をどう理解するかという難問に、あらためて踏み込まざるを得ない。

2 複数の王統

倭の五王と天皇

外国史料を用いた研究成果を尊重しつつ、日本の史書を分析するうえでまず問題となるのが、倭の五王と日本の天皇との関係をどのように考えるか、という点である。これにつ

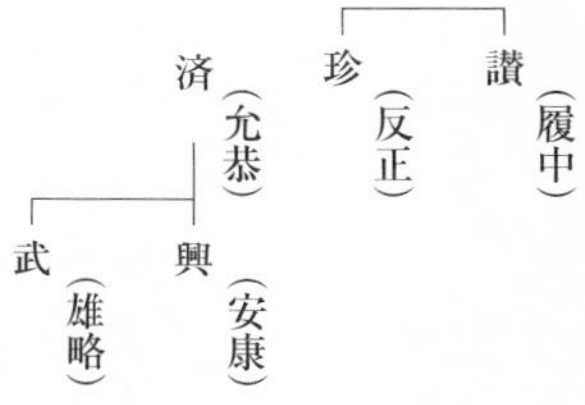

『宋書』の倭の五王

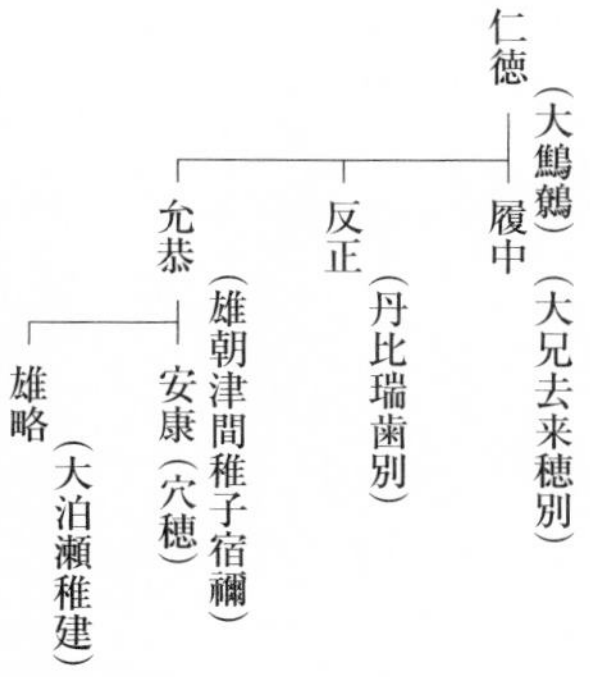

記紀の王統譜

いては、江戸時代以来の論争の歴史がある。武が雄略であることを前提として、その兄、興と安康天皇、父、済と允恭天皇が対応することは、ほぼ認められている。残る讃と珍については、それぞれ履中天皇と反正天皇に比定する説が有力であるものの、讃が応神天皇の実名、ホムタワケ王の「ホム」を思い起こさせることなど、『宋書』の中国風に記された名と天皇の実名の対応関係をめぐって、さまざまな説が出されている。

しかしすでに指摘があるように、『宋書』の倭王名と天皇の実名がすべてうまく対応することはなく、どこかで無理な解釈をしなくてはならない。それよりも現状では、『古事記』、『日本書紀』の履中、反正、允恭、安康、雄略と続く王統と、『宋書』の讃、珍、済、興、武の擬制の可能性をも含む血縁関係が、珍と済を除けば対応するという共通性を重視すべきである。

もちろん歴史学の原則論からすれば、五王と『古事記』、『日本書紀』の天皇名が対応する必要はまったくない。実際に宋に使節を派遣した五王が、史書の天皇に正確に反映されたものであるかどうかはわからないからである。ただ『古事記』、『日本書紀』は、天皇の系譜が万世一系で伝えられたと主張するにもかかわらず、興味深いことに、記紀の伝承からは、仁徳にはじまり履中・反正へ継承される王統（仁徳系王統）と、允恭にはじまり安康・雄略・清寧と継承される王統（允恭系王統）がかならずしも親和的関係にはなく、対立関係にあったことを読み取ることができる。

『古事記』について、この点をするどく指摘した研究が、すでに一九五〇年代に、文学研究の神田秀夫によって示されている（神田秀夫『古事記の構造』）。『古事記』には、允恭系に属する木梨軽王が軽大郎女との同母キョウダイ婚の禁忌に触れて失脚する話や、允恭系の安康天皇が仁徳系の大日下王を殺害し、妹の若日下女王を雄略の后妃として奪うが、安康自身も大日下王の遺児、眉輪王《まよわのみこ》によって殺害されてしまう話など、天皇の話としては異例な失策を物語る伝承が多くみえる。こうした一連の伝承を、神田は仁徳系による允恭系の天皇を笑いものにした物語群として説いた。允恭系の王統は、雄略の子、清寧天皇をもって男系では断絶するので、残った仁徳系がみずからを正統とする立場から過去の王統を嘲笑したとするのである。

王統の対立

神田の研究は文学の立場から『古事記』の構想を明らかにする目的でなされたもので、伝承上の両王統の対立が事実であるかどうかについては関心が寄せられていない。しかし両王統の対立を示す伝承は『古事記』に限らず、『日本書紀』にも見出すことができる。『日本書紀』には、安康天皇が反正天皇の娘たちに、雄略后妃となるよう要請するが、雄略の暴虐を理由に拒絶された話がみえる。仁徳系による允恭系に対する「嘲笑」は、『古事記』に限らないのである。『古事記』、『日本書紀』が、天皇による支配の正当性を説く物語ばかりではなく、断絶したとはいえ天皇の血統を批判的に描いた物語をも採録していたことが明らかにされた点は、両書の伝承を読み解く際の重要な手がかりとなる。神田の提言を前提としつつ、仁徳系と允恭系の対立について、もう少しくわしくみておきたい。

両王統の対立を記すのは、允恭の子、安康が大日下王を殺害し、若日下女王を雄略后妃とする物語、安康が大日下王の子の眉輪王に殺害される物語、雄略が眉輪王と彼を庇護した葛城円大臣《かづらきのつぶらのおおみ》を殺害する物語、雄略が履中の子、市辺押磐王《いちのべのおしはのみこ》を殺害する物語である。

大日下王と若日下女王の悲劇的な物語については先にみた（第一章）。眉輪王の物語は、『古事記』、『日本書紀』共に、大日下王の殺害後、安康に引き取られた眉輪王が安康を殺害するというものである。眉輪王は逃走して葛城円大臣を頼り、円大臣は雄略に彼の助命を嘆願するが雄略は許さず、円大臣と眉輪王を殺害する。市辺押磐王の悲劇も、『古事記』、『日本書紀』の双方に収められている。細部に異同はあるが、いずれも履中の子、市辺押磐王を雄略が狩猟にかこつけて近江の来田綿《くたわたの》蚊屋野《かやの》に誘い出し殺害するというものである。

つまり両王統が短期間に対立・抗争をくり広げ、殺害をくり返す異常な状況が生じていたことがうかがえるのだが、とりわけ允恭系王統は、仁徳系の王族たちの多くを殺害していることになる。個々の伝承の細部が史実であるかどうかはわからないし、『古事記』、『日本書紀』が採録した原史料の性格の違いによる異同も当然、存在するわけだが、そうした個々の事情を越えて、両王統が対立する伝承が伝わることは、それが一定の事実であることを示している可能性が高い。

允恭系王統の婚姻関係

このことと表裏の関係にあるのが、『古事記』、『日本書紀』に記される、允恭系王統の特異な婚姻関係である。『日本書紀』には、安康天皇の時に、雄略天皇が反正天皇の娘たちにみずからの后妃となるよう要請するが、雄略が暴虐であることを理由に拒絶されるという伝承が記される（安康天皇即位前紀允恭天皇四二年一二月壬午条）。雄略が大日下王を殺害してその妹、若日下女王を強引に后としたことを想起するならば、この伝承もそれなりに史実を反映していると考えられる余地がある。

若日下女王は仁徳の子だから、世代としては雄略よりも一世代上であり、後継者を儲けるためには不利な状況にあった。二人の間には白髪王（後の清寧天皇）が生まれているので、実際の年齢差はそれほどなかった可能性もあるが、二人の婚姻関係の不自然さを裏づける話ではある。さらに、雄略のもう一人の妃である韓媛《からひめ》もまた、その父、葛城円大臣が殺害されて奪われた女性である。雄略は王族や有力豪族との間に穏健な手段で婚姻関係を結ぶことができなかったのである。

雄略の兄、安康の婚姻関係も特異である。大日下王が殺害された際、『古事記』は、雄略が若日下女王を奪っただけでなく、安康が大日下王妃の長田女王を奪って自身の后妃としたことを記す。長田女王は『古事記』、『日本書紀』の双方に安康の同母姉であったとされているのだが、同母キョウダイ婚は古代社会でも重大な禁忌とされていた。そのことを隠すためか、『日本書紀』は安康が大日下王から奪った女性を中蒂姫《なかしひめ》という、別の女性であるかのような名で記す。ところが『日本書紀』の別の条文では、中蒂姫は長田女王の別名としていて、結局のところ、安康の后は長田女王ということになっている。しかも安康にはほかの后妃は伝えられていない。さらに安康の兄弟、木梨軽王と軽大郎女の間にも同母キョウダイ婚が伝えられることは、先にみたとおりである。允恭系王統は、同世代に二組が同母キョウダイ婚の禁忌を犯す、かなり異例の事態に見舞われていたのである。

彼らの父、允恭について、『古事記』、『日本書紀』がその后妃とするのは忍坂大中姫《おしさかのおおなかつひめ》ただ一人である。複数の后妃を持つことが通例であった古代の天皇の中では、これだけでも特異だが、忍坂大中姫の出自は近江国坂田郡と伝えられる。同じ王族や、葛城氏など大和の有力豪族との婚姻が通例であるのに対して、地方出自の女性だけを后妃とするのは、ほかに例をみない。

このように、允恭系の倭王の婚姻関係はかなり特異なのだが、その原因はたび重なる対立、抗争により仁徳系の王族たちの多くが殺害された結果、仁徳系との間に正常な婚姻関係を結ぶことができなかったことにあるとみられる。これは『宋書』にみる珍と済の系譜上の断絶と整合的に理解できる。履中、反正と允恭は『古事記』、『日本書紀』では兄弟として血縁関係が記されるが、実際には血縁を異にする二つの王統が存在したのではないか。つまり倭王を出す仁徳系、允恭系の少なくとも二つの王統が存在し、両者は相互に対立をくり返す不安定な関係を内包したまま、一つの統治体制を維持していたと考えることができる。

五世紀の王統の断絶

允恭系王統はその後、雄略を継いだ清寧が后妃を迎えることのないまま逝去することで、男系としては絶えてしまう。清寧の死後は、『古事記』が記すように、「後継の王は誰かと聞いても、天皇が亡くなった後は、天下を治めるべき王がいない」（「日継ぎ知らす王を問うに、天皇崩し後、天が下を治むべき王なし」）状態となる。仁徳系の主要な王族もまた粛清されて残っていなかったのである。五世紀後半の段階で、倭国はその統治の中心に位置する倭王候補者がほぼ途絶えるという危機的状況を迎えていた。

『古事記』、『日本書紀』は、この危機に際して市辺押磐王の妹の忍海郎女《おしぬみのいらつめ》（飯豊女王《いいどよのひめみこ》とも）が統治を行い、その後、播磨に潜伏していた市辺押磐王の遺児、億計王《おけのみこ》、弘計王《をけのみこ》の二人が帰還して即位したと記す（仁賢《にんけん》、顕宗《けんぞう》天皇。即位は顕宗が先）。忍海郎女は、事実上、倭王の地位にあったとみてよい。女性倭王の登場は、確認できる限りでは、実に三世紀の卑弥呼（またはその後継者、台与）以来のことである。倭王位をめぐる状況がいかに危機的であったかがこの事態に示されている。ともかく、忍海郎女に続く顕宗、仁賢の即位で、允恭系に弾圧された仁徳系王統は復活を遂げる。だがそれで危機が去ったわけではなかった。仁賢逝去後、即位した子の武烈にはまたしても子がなく、仁徳の王統は男系としてはここで途絶え、後継者探しは難航をきわめることになるのである。

清寧から武烈逝去に至る『古事記』、『日本書紀』の一連の記事は伝承的な要素が多く、どこまでが事実か判断のむずかしい部分もある。ただ少なくとも、雄略逝去後の王族で倭王位に就くことのできる実力者がほとんどおらず、両王統が衰滅の危機に瀕していたこと、実際に男系としては允恭系は清寧、仁徳系は武烈を最後に断絶したことは認める必要がある。倭王を出す複数の王統の、このような不安定な側面を歴史的事実として認識するところから、五世紀の統治体制をあらためて捉え直す必要があるだろう。

五世紀の政治状況は、『古事記』、『日本書紀』が説くような、すべての天皇が血縁によってその地位を継承する安定的な状況とはほど遠かった。かならずしも血縁関係では結ばれていない、少なくとも二つの王統が存在した。これらの王統は基本的には倭国の代表者として協力して統治に臨む関係にあったと思われるが、一方で倭王の地位をめぐっては、厳しい対立状況が存在した。

このような、複数の王統による対立は、世界史的にみるならば、かならずしもめずらしいものではない。典型的には、シェイクスピアの史劇に描かれる、テューダー朝の成立に帰結するランカスター家とヨーク家の争いを挙げることも可能だろう。両家による王位争奪戦争（いわゆるバラ戦争）の前、一四五五年初頭のイングランドには王子のほかに五人の公、一五人の伯がいたが、終結後の一五〇四年には王子を除くと公は一人、伯は一〇人内外に減少していたという（城戸毅「バラ戦争」）。王統の対立による王位継承者の減少という現象は、五世紀の倭国と似ているといえるだろう。

いずれにしても、五世紀後半から末にかけて、倭王の地位をめぐる緊張状態は頂点に達する。互いに殺戮をくり返す中でいったんは優位に立った允恭系の王統も、結局のところ男系としてはとだえることになる。

3　王族の反逆伝承——周縁王族論

周縁王族の反乱伝承

五世紀の王族をめぐる不安定な要素は、ほかにも挙げることができる。第一章で、奈良盆地北部や京都盆地南部、大阪湾岸に置かれた王宮群の周囲に、王族の対立伝承が集中していることを重視し、これらの周縁部王宮群が王族同士の軍事的対立に対応する施設であったことを述べた。これらの対立伝承は、倭王に対する王族の反逆という形で記される。倭王宮が奈良盆地南部に集中することを前提とすれば、これらの対立する王族と倭王の間には、同じ王族というだけでは捉えきれない、質的な違いがあると考えた方がよい。このような、周縁部王宮群の周辺に拠点を持ち、倭王の一族とは帰属を異にする王族を、周縁王族と呼びたい。一方の倭王を中心とする王族は、中枢王族と呼ぶのがふさわしいだろう。まずは、周縁王族の特徴を捉えるため、その反乱伝承を煩をいとわず挙げておきたい。

仁徳天皇が逝去し、後継者である履中が即位する際に起こった住吉《すみのえの》仲王《なかつみこ》の反乱は、履中の弟、住吉仲王が反旗をひるがえして難波の王宮を焼くが、履中は石上に逃れ、もう一人の弟、丹比《たじひの》瑞歯《みずは》別王《わけのみこ》（後の反正天皇）に仲王を殺害させるというものである（『古事記』履中天皇段、『日本書紀』履中天皇即位前紀仁徳天皇八七年正月条）。記紀は住吉仲王の拠点を記していないが、その名と難波の王宮を焼いたとする伝承からすれば、大阪湾岸の住吉（現大阪市住吉区）と考えられていたことは間違いないだろう。住吉には、同じ履中の時として、鷲住王《わしすみのみこ》という王族があり、その敏捷で力が強いことを聞いた履中からくり返し召喚されても従わず、常に住吉にいたことが記される（『日本書紀』履中天皇六年二月癸丑朔条）。鷲住王は鯽魚磯《ふなし》別王《わけのみこ》という王族の子とされるが、二人ともほかに記録を持たず、倭王とは系譜を異にする王族であったと考えられる。

もう一例、応神即位に際して、異母兄の忍熊王《おしくまのみこ》、麛坂王《かごさかのみこ》が起こした反乱伝承が住吉と関連する。二人は応神を亡き者とすべく、新羅征伐の後に筑紫から帰途についた応神を明石で迎え撃とうとするが、反乱の成否を占う狩猟（ウケヒガリ）で麛坂王が死ぬという凶事があったため、忍熊王は退却して住吉に転じた、とする（『日本書紀』神功皇后摂政元年二月条）。その後、南山城を舞台として戦闘が行われ、忍熊王は近江で敗死する。この伝承は『古事記』にもみえるが、『古事記』では、忍熊王は麛坂王の死後、住吉へ移動せず、ただちに戦闘を開始したかのように記される。ただし忍熊王方の将軍として、大阪湾岸の難波地域を拠点とする難波吉師部《なにわのきしべ》（難波吉士氏）の祖、伊佐比宿禰《いさひのすくね》が記されるので、反乱勢力の主体が大阪湾岸を拠点とする点は『日本書紀』と共通する。

大阪湾岸を拠点とする王族の反乱伝承といえば、想起されるのは河内王権論（政権論、王朝論とも）という学説である。ごく簡単に要約すれば、五世紀以前には大和と河内（大阪湾岸と言い換えてもよい）に二つの大王家があり、当初、大和の大王家が優勢であったのが、四世紀後半以降、応神、仁徳ら大阪湾岸に拠点を持つ大王家が政権を奪取して、その後、河内の大王家が大和に移り、第二次ヤマト政権が成立する、というものである（直木孝次郎『古代河内政権の研究』）。

帰属を異にする王族同士の対立という要素のみを抽出すれば、ここで検討している王族の存在は、河内王権論の裏づけとなると考えられるかもしれない。しかし河内王権論が重視するのは大王（倭王）の地位をめぐる二つの王家の対立という権力の核心の問題であるのに対して、ここにみている周縁王族は、王とは称されるが倭王の位につくことはない。倭王を出す王統とは異なる集団に属する王とみざるを得ない。

王宮の分布に表れているように、倭王に就任し得る格の高い王族の王宮は、基本的に奈良盆地南部に集中し、大阪湾岸に造営されるのは反正天皇（丹比瑞歯別王）の丹比宮《たじひのみや》などごく一部で、しかも短期間しか継続しない（第一章）。応神天皇や仁徳天皇が難波に造営したとされる王宮は王名との対応関係が確認できず、確実ではない。仁徳の本来的な王宮は、これもすでに確認したように、磐余・長谷などの奈良盆地南部に求めるのが妥当である。この点で、河内政権論がそのまま成立する可能性は低い、と言わざるを得ない。

さらに言えば、反逆王族たちは大阪湾岸に拠点を持つものの、以下に述べるようにその拠点と支持集団は大阪湾岸に限定されるわけではない。忍熊王、麛坂王の反乱伝承は最終的に近江に至り、『古事記』では忍熊王が琵琶湖に入水したとし、『日本書紀』は瀬田川《せたがわ》の渡河点（瀬田河済《せたがわのわたり》）で逝去したとする。『日本書紀』はさらに、宇治川での戦闘を記す。忍熊王らの反乱伝承は大阪湾岸および淀川水系を通じての京都盆地南部、近江との密接な関係の中で描かれているといえる。

京都盆地南部には、ほかに崇神の叔父、武埴安彦《たけはにやすびこ》の反乱伝承がある（『古事記』崇神天皇段、『日本書紀』崇神天皇一〇年九月壬子条）。北陸道に派遣されることになった大彦が山背南部で武埴安彦と戦い、武埴安彦は現在の木津川《きづがわ》付近で敗死する。一方、武埴安彦の妻、吾田《あた》媛《ひめ》も大和と河内を隔てる大坂で五十狭芹彦《いさせりびこ》と戦うが敗死する。武埴安彦の母、埴安媛《はにやすひめ》は河《かわ》内青玉繋《ちのあおたまかけ》（『古事記』では河内青玉）の娘とされる。河内青玉繋がどのような人物かはわからないが、吾田媛が河内を拠点としていることはみてとれるから、この伝承でも、京都盆地南部と大阪湾岸の関係が認められる。さらに、仲哀の異母弟、蘆髪蒲見別王《あしかみのかまみわけのみこ》が宇治川のほとりで天皇への貢納物を運んでいた越国の人に暴虐を働き、誅殺される伝承がある（『日本書紀』仲哀天皇元年閏一一月戊午条）。

これらの伝承とは別に、奈良盆地北部にも王族の反逆伝承がある。垂仁天皇の時とされる狭穂彦の伝承である。狭穂彦は『日本書紀』には系譜を記されないが、『古事記』では開化天皇の子、日子坐王の子とされる。狭穂彦の妹、狭穂姫が垂仁后妃となった際、狭穂彦は妹に垂仁暗殺を指示するが未遂に終わり、さらに佐保に稲城《いなぎ》を築いて戦うが敗死する、というものである。

これまでにみた反逆伝承の中には、忍熊王や狭穂彦のように、過去にもよく検討の対象となってきたものもあれば、鷲住王や蘆髪蒲見別王のように、ほとんど取り上げられることとのなかったものもある。いずれにしても、これらの王族の実在を確かめることはできない。忍熊部や狭穂部などのような、その王族の実在を裏付ける奉仕集団が存在しないからである。またこれらの反逆伝承は、崇神、垂仁、仲哀、神功皇后、履中と、少なくとも神功皇后以前は史実と伝承の境界があいまいな時代の話を含む。履中の時とされる伝承にしても、史実とするには首をかしげたくなるような話が散見する。

しかしこれらの伝承に登場するさまざまな人物に注目したい。彼らを通じて、それらの伝承を伝えた人びとの性格、ひいては周縁王族の性格を知る手がかりを得られることがあるからである。

海人集団との関係

住吉仲王の反乱伝承ではまず、襲撃を受けた側の履中の脱出を助けた人物として、『日本書紀』は平群木菟宿禰《へぐりのつくのすくね》、物部大前宿禰《もののべのおおまえのすくね》、漢直《あやのあたい》の祖、阿知使主《あちのおみ》の三人の名を挙げる。『古事記』が挙げるのは阿知使主一人である（阿智直と記される）。一方、『日本書紀』は、住吉仲王に荷担した人びととして、阿曇連《あずみのむらじ》、倭直《やまとのあたい》という二つの氏族を記す。阿曇連浜子《はまこ》（一説に阿曇連黒友《くろとも》とも）は淡路の野島《のじま》の海人を率いて履中を追撃するが、かえって捕らえられる。普段から住吉仲王と親しかったとされる倭直吾子籠《あごこ》もまた、履中の軍に捕らえられたことが記される。浜子は墨刑《ぼくけい》（入れ墨を科される刑罰）を科され、野島の海人たちは大和の蔣代屯倉《こもしろのみやけ》で使役されることになる。吾子籠は、妹の日之媛《ひのひめ》を采女として履中に献上して死を免れる。

　住吉仲王の伝承は、これらの氏族の奉仕起源譚として伝えられたものと思われる。漢直氏たちはみずからの祖先の功業を誇る話として、阿曇連や倭直は、その服属を語る話としてである。功業と服属では正反対であり、特に天皇に対する反逆伝承が史書に記されることはその氏族にとって負の意味しか持たないように思われるかもしれない。しかし実際には、こうした伝承の当事者である阿曇連や倭直は、『古事記』、『日本書紀』が作られた八世紀にはほかの臣下と同様の扱いを受けており、反逆者の子孫として冷遇された形跡はうかがえない。むしろ逆に、奈良時代後半の事例ではあるが、八〇歳の長寿の故をもって天皇から正四位下の位階を賜与された大和宿禰長岡《ながおか》（倭直の後裔）のように、特別に厚遇された人物もいる（『続日本紀』神護景雲三〈七六九〉年一〇月癸亥条）。

　第三章でくわしく述べる根使主《ねのおみ》の反逆伝承では、雄略を欺いた根使主が誅殺され、雄略は「根使主の子孫は、今後、永久に臣下とはしない」（根使主は、今より以後《のち》、子々孫々《うみのこの》八十《やそ》聯《つ》綿《づき》に、群臣の例にな預らしめそ）とまで言い渡し、さらにその子、小根使主《おねのおみ》も雄略によって殺害されたにもかかわらず、その後裔とされる坂本臣は臣下としてほかの氏族と同様に朝廷に出仕している。『日本書紀』が根使主の伝承の最後に、根使主が後に坂本臣となることは、ここよりはじまった、と記すように（以上、『日本書紀』雄略天皇一四年四月甲午朔条）、これらの伝承の目的は結局のところ、臣下に反逆者の烙印《らくいん》を押すためではなく、天皇に対する服属・奉仕の起源を記すことにあった。その点で、臣下の功業を強調する伝承と変わるところはない。『古事記』、『日本書紀』が作られた奈良時代の宮廷では、仁徳や履中の頃のできごとは遠い過去の話であり、そこでの祖先の振るまいが現実の宮廷社会での子孫たちの処遇を規定することはなかったのである。

ともかくここでは、住吉方に荷担した阿曇連、倭直に注目したい。淡路の海人を率いていることが示すように、阿曇連は海人を統率する立場にあった氏族である。難波の一角を占める阿曇江《あずみのえ》から、北部九州、筑前《ちくぜん》国宗像《むなかた》郡の阿曇郷に至るまで、大阪湾岸から瀬戸内海沿岸、北部九州にかけて、阿曇氏や同氏にちなむ地名が濃密に分布している。倭直もまた、海人との関係が密接な氏族であった。倭直は大和国に拠点を持つ氏族であり、海人との接点は意外なようにも思われる。しかしその始祖とされる椎根津彦《しいねつひこ》（『日本書紀』による。『古事記』では槁根津日子《さおねつひこ》）は、神武天皇が大和へ向けて航行する際、ウミガメに乗って現れ、海路を案内したとされる。吾子籠自身も、仁徳天皇の時、朝鮮半島に派遣される伝承を持つ（後述）。さらに、奈良時代には倭直の同族が瀬戸内海沿岸の播磨国明石《あかし》郡にいたことが記される（『続日本紀』神護景雲三〈七六九〉年六月癸卯条）。住吉仲王側の勢力は、いずれも海人との関係が密接であったことがうかがえる。

住吉仲王と同じように、住吉の地に密着して語られる鷲住王は、讃岐《さぬき》国造、阿波《あわ》国の脚《あし》咋別《くいわけ》という氏族の始祖と伝えられる。阿波には阿曇連をはじめとして、海人に関わる氏族が濃密に分布している。鷲住王もまた、大阪湾岸から瀬戸内海沿岸の勢力との密接な関係の中で伝えられた存在であった。

忍熊王、麛坂王の反乱伝承では、筑紫から帰還する応神一行を迎え撃つため、忍熊王らは筑紫で逝去した仲哀天皇の山陵《みささぎ》を造るためと称して播磨の明石に布陣し、船団を組んで淡路の人びとに石を運ばせつつ、武器を持たせたことが記される（『日本書紀』）。ここでは、忍熊王らに荷担した人びとの名は記されない。しかし淡路と明石は共に海人の濃密に分布する地域である。淡路には先にみた野島の海人のほか、全島にわたって海人の分布することが、奈良時代の木簡に記された人名などから明らかである。明石もまた海人の同族が有力な地域であることは、倭直吾子籠の伝承が示すとおりである。大和の倭直氏は、ヤマトノオオクニタマ神社を祭ることが重要な職務の一つであったが、同名の式内社《しきないしゃ》（平安時代成立の『延喜式』に掲載された神社）が淡路島にも、また阿波国にも存在する。これは、阿波、淡路における倭直の同族関係を抜きにしては理解できない現象である。忍熊王らの反乱伝承もまた、海人との関係によって伝えられた物語といえるだろう。

このように、大阪湾岸を舞台とする周縁王族の反乱伝承は、乱に関わった勢力を推定する情報に欠ける吾田媛の伝承を除き、いずれも海人との関係が密接であることが明らかになった。それぞれの伝承に関与した集団が共通するということは、伝承が史実であるかどうかにかかわらず、その基層に一定の歴史的実態を見出すことが可能であることを示している。少なくとも大阪湾岸を拠点とする周縁王族は、阿曇連や倭直をはじめとする海人集団を主な支持勢力としていたことが確認できるのである。

周縁王族と海人集団の関係は、大阪湾岸だけでなく、京都盆地南部でもみてとることができる。忍熊王や武埴安彦らの伝承が宇治川や木津川といった、淀川水系沿いに展開していることを先にみた。蘆髪蒲見別王の伝承もまた、宇治川を舞台とする。『古事記』はその母を、山代（山背）の玖玖麻毛理比売《くくまもりひめ》と伝える。ククマとは、山背南部の栗隈地域（現京都府宇治市）を指し、この王が山背南部の勢力によって伝承されたことを示す。

宇治には、応神逝去後、後継者の菟道稚郎子が仁徳天皇に皇位を譲ろうとし、仁徳はそれを受けようとしなかったため、天皇にささげる贄《にえ》の鮮魚を持った海人が宇治の菟道稚郎子と難波の仁徳の間を何度も往復するはめに陥り、贄が腐敗してしまうという伝承が記される（『日本書紀』仁徳天皇即位前紀応神天皇四一年二月条）。伝承の結末では、この悲喜劇から、海人は自分の持ち物によって泣くことになる（海人なれや、己《おの》が物から泣く）ということわざが生まれたと説明するので、宮廷に伝わる海人の伝承が採録されたものと思われる。これによって、難波から宇治に至る淀川、宇治川流域に海人の存在が色濃くみえることがわかる。

海人集団が淀川水系流域に広く分布することは、こうした伝承に限らず、ほかの史料からも裏づけられる。淀川右岸の摂津国島下郡には、古代以来、国生み神話に登場するイザナキ神を祭る伊射奈岐《いざなき》神社があった。次節で述べるように、イザナキ神と海人の関係は密接であった。山城国久世郡には海神、和多都弥豊玉比売《わだつみとよたまひめ》命を祀る水渡《みと》神社があり（「山城国風土記逸文」、『釈日本紀』八所引）、筑紫の宗像神との関係が想定できる宗形阿良足《むなかたのあらたらし》神が祭られていた（同、『神名帳裏書』所引）。筑紫の宗像の神は海人と密接な関係にあった。筑前国糟屋《かすや》（滓屋）郡には阿曇郷があり、『万葉集』には、宗像神が祭られる筑前国宗像郡の人と、糟屋郡の白水郎《あま》が外洋航海に際して、郡は異なるが同じ船に乗り合う仲であったことが記されている（巻一六、三八六〇～三八六九番歌左注）。奈良盆地北部の場合、周縁王族とみられる王族と海人の関係は、直接には見出せない。しかしこの地にも、海人の同族である倭直氏が分布している。

このように、大阪湾岸に限らず、京都盆地南部、奈良盆地北部などの周縁王族の拠点には、いずれも海人に関わる伝承が存在するか、または海人とその同族集団が分布している。このことは、海人集団が周縁王族の支持勢力であったことを強く示す。ただこのように述べただけでは、倭王と対立的な関係にあった王族と海人集団の史料はたまたま同じ地域に残されただけで、強い結びつきを持っているとまではいえないとみることも可能である。いずれの理解がより適切であるかは、中枢王族と海人集団との関係をみることによって検証される必要がある。

4　周縁王族の支持勢力

阿波の海人の伝承

大阪湾岸の海人集団が天皇との間に特別な服属関係を結んでいたことを物語る伝承がある。『日本書紀』に允恭天皇の時とされる男狭磯《おさし》の伝承である。允恭は淡路に行幸して狩を行うが、「島の神」の怒りに触れて不猟となる。神は明石の海の底にある真珠を求め、阿波国の長邑《ながむら》の海人、男狭磯の功労により、巨大なアワビから真珠を取り出すことができた。狩は豊猟となるが、無理な潜水のため男狭磯は死ぬ。男狭磯を葬った墓は今に存する、とするものである（允恭天皇一四年九月甲子条）。直接には、男狭磯を葬ったとされる墓の起源を説く伝承である。『日本書紀』や諸国の「風土記」には、ある墳墓の被葬者として伝説的な人物を挙げる話がいくつかあるので、その点では類型化した伝承の一つといえる。

しかしこの伝承には、それにとどまらない要素が含まれている。まず一つは、天皇が淡路に狩に出かける形をとる点である。こうした伝承が生まれた背景として、淡路が天皇の食膳に供する産物を貢納する「御食《みけ》つ国」として位置づけられていたからとする説がある（直木孝次郎「古代の淡路と大和朝廷」）。食材の奉仕を通じて、淡路と天皇との間に特別な服属関係が結ばれていたことがうかがわれる。

男狭磯の伝承を特徴づけるもう一つの重要な要素は、彼の出自とされる阿波国の長邑である。長邑は那賀《なか》郡、現在の徳島県南部にあたる。天皇の即位儀礼の一つ、大嘗祭《だいじょうさい》では、由加物《ゆかもの》と総称される神饌《しんせん》や容器が用意されるのだが、その調進にあたるのが淡路と阿波、それに紀伊の三国である。中でも、アワビなどの海産物については、阿波の那賀と紀伊の海部郡の賀多（加太）の潜女《かずきめ》が選ばれて貢納することになっていた（『儀式』四、践祚大嘗祭下、『延喜式』神祇、践祚大嘗祭由加物条）。即位儀礼に際しての神饌類の調進という重要な役割を果たしていたことによって、大阪湾岸の海人集団と天皇との間に、やはり特別な服属関係が結ばれていたことが確認できるし、阿波の那賀郡と紀伊の海部郡の海人の役割がとりわけ重視されていたことが明らかである。男狭磯の伝承は、このような位置づけを与えられていた那賀郡の海人と淡路の関係を示すところに、大きな意味がある。

奈良時代に作られた播磨国の地誌、『播磨国風土記』には、美嚢郡《みなぎぐん》志深里《しじみのさと》に伊射報和気《いざほわけの》命《みこと》（履中天皇）が行幸し、食膳に上ってきたシジミ貝を見て、これは阿波国の和那散《わなさ》で食した貝であると告げたことにより、シジミと名づけられたという地名起源譚がある（美嚢郡志深里条）。荒唐無稽な話に聞こえるが、和那散は那賀郡に含まれ（平安末期以降は分立して海部郡となる）、海人が住んでいた地域である。志深里は山間の小盆地だが、播磨と摂津を結ぶ交通の要路にあたり、中央の支配勢力の拠点である縮見屯倉《しじみのみやけ》も置かれていた。志深里に阿波の和那散の話が伝わることは不自然ではないのである。海人を統括する倭直氏の祭る神社が阿波と淡路にあったことは前節でみたが、阿波、淡路、明石、それに紀伊といった大阪湾岸の海人集団の間には、独自のつながりがあったと考えるべきだろう。

中枢王族と海人

このような自立的なつながりを持つ大阪湾岸の海人集団と、天皇に象徴される中枢王族との関係はしかし、当初から単純な支配と従属の関係にあったわけではなかった。海人集団の側の、中枢王族に対する対等とはいえないまでも半ば自立的な主張をみて取ることができる。男狭磯の伝承では、淡路での不猟をもたらしたのは「島の神」の怒りであり、海人の貢納によらなければその怒りを解くことはできなかった。「島の神」を祭ることができるのは海人集団であり、倭王ではなかったのである。その「島の神」は、淡路に鎮座するイザナキ神と解されている（岡田精司「国生み神話について」）。

淡路の神格と天皇との対立的な関係は、履中天皇の狩猟伝承にもみえる。履中が淡路に出かけて狩を行った際、河内の飼部《うまかいべ》の入れ墨が原因で島のイザナキ神の怒りを買い（『日本書紀』履中天皇五年九月壬寅条）、さらに筑紫の宗像の神に仕える人びとを奪った車持君《くるまもちのきみ》氏の悪行を放置していたことにより、宗像神の怒りに触れて后妃が逝去したとされる（同年三月戊午朔条、九月癸卯条）。以後、飼部への入れ墨をやめ、長渚崎《ながすのさき》（現兵庫県尼崎市付近）で祓《はら》えを行い、宗像の神に謝罪したことが記される（同年一〇月甲子条）。

この伝承は河内の飼部の入れ墨停止の起源譚、また宗像の神に仕える人びとの起源譚の二つの要素から構成されており、それらがいずれも淡路遊猟の際のできごととされる。伝承の前半にみえるイザナキ神は、イザナミ神と共に国土を作り出す、いわゆる国生み神話で知られるが、その国土は矛《ほこ》からしたたる海の塩から作られたとされるように、海洋神としての性格が濃厚であった。そのイザナキ神は、平安時代の国家公認の神社を記した『延《えん》喜式《ぎしき》』に、淡路国津名《つな》郡に鎮座するとされる。『古事記』にもこの神が淡路の多賀に鎮座したことが記される。多賀を近江（淡海）の多賀とする写本もあるが、津名郡には多賀の地名があることから、イザナキ神は本来、淡路の神格であったとみるべきだろう（仲野安雄『重修淡路常磐草』）。国土を生み出したイザナキ神は天皇の祖先神として位置づけられる神でもあるが、履中の淡路行幸に際しては、その怒りが履中に対して向けられたのだった。

伝承の後半で履中に祟りをなす筑紫の宗像神もまた、海洋と密接に関わる神格である。宗像神は沖津宮《おきつみや》、中津宮《なかつみや》、辺津宮《へつみや》に鎮座する三神で構成されるが、その信仰の本質は玄界灘《げんかいなだ》の孤島、沖ノ島《おきのしま》にあって航海の安全を守護すると考えられた沖津宮にあった。その神に対する謝罪が筑紫ではなく、大阪湾岸の一角を占める長渚崎で行われたと伝えられることは、宗像神を支える勢力が大阪湾岸から瀬戸内海沿岸地域に至る広範な地域の海人集団であったことを示す。つまりこの伝承では、全体として天皇と海洋に関わる神格との対立的関係が語られていると理解できるのである。

ここからは、中枢王族と海人集団が支配・従属関係を前提としつつ対立的関係を内包するという複雑な関係にあったことをみてとることができる。また本来、淡路の海人集団の祭る神であったイザナキ神が、倭王の祖先神としての位置づけを獲得するに至ったように、海人集団は王族と近しい関係にあったことがうかがわれる。これらのことは、周縁王族が王族でありながら中枢王族と対立関係にあったことと対応する。海人集団と周縁王族の密接な関係を、ここにみてとることができるだろう。

外洋航海と鉄の調達

では海人集団とはどのような勢力であったのか。海人という言葉から、なんとなく海に関わる人びとであることが想像されるし、現に海人の漁労民的な性格はこれまでに挙げた事例から明らかである。しかし海人の漁労活動は倭王に対する服属形態の一つとして象徴的に位置づけられたものであり、その特殊性をあまりに強調することはできない。

海人について重視すべきなのは、彼らが有した外洋航海の技術である。北部九州の海人集団が玄界灘を航行する技術を持ち、相互に協力し合う関係にあったことは先にみた。そのほか、海人と外洋航海の関係をよくあらわす伝承として、倭直氏の物語が知られる。仁徳天皇の時、倭屯田《やまとのみた》という天皇のための所領がほかの王族に奪われそうになった時、その由来をよく知る倭直吾子籠が宮廷に召喚されるものの、吾子籠は「韓国《からくに》」に出かけていて留守であった。そこで「淡路の海人八十《やそ》」の船によって吾子籠を帰還させたという(『日本書紀』仁徳天皇即位前紀応神天皇四一年二月条)。倭直が淡路の海人と共に外洋航海に関わる存在であったことを読み取ることができる。

五世紀の倭国にとって、外洋航海の技術は、生産の維持と拡大のためになくてはならないものであった。焼き物や織物などをはじめとする朝鮮半島からもたらされた新来の技術は倭国の生活様式を大きく変えたが、根本的に重要だったのは、鉄素材の調達であった。五世紀の倭国では、鉄製農具の改良によって開発が進展し、甲冑類の製作技術の革新や、古墳への武器・武具類の大量埋葬からわかるように、軍備の増強されたことが指摘されている。こうした農具や武器・武具類の量産体制が可能となるには、いうまでもなく素材となる鉄の大量供給が必要となるが、当時の倭国には列島内に存在する鉄鉱石や砂鉄から鉄を取り出す技術がなく、朝鮮半島産の鉄素材に依存していたのである。

四世紀から五世紀にかけての古墳に、鉄鋌《てってい》と呼ばれる鉄製品の素材が大量に埋納される事例がしばしばみられ、それらが朝鮮半島からもたらされたものであることが指摘されている。また『日本書紀』には、百済から倭に「七枝刀一口、七子鏡一面、及び種種《くさぐさ》の重き宝」がもたらされた際、百済にある谷那《こくな》鉄山で産出した鉄も同時に贈られたことが記されている（神功皇后摂政五二年九月丙子条）。この時の百済との通交は、百済が東の彼方に倭国（貴国）のあることを聞き知り、通交を求めて倭からやってきた使者に鉄鋌四〇枚を贈ったこと（神功皇后摂政四六年三月乙亥朔条）に端を発している。

神功皇后摂政五二年を『日本書紀』の記すとおりに西暦に換算すれば西暦二五一年とな

るが、この記事にみえる百済の久氏《くてい》や肖古王《しょうこおう》らが実存した年代は四世紀後半に求められる。『日本書紀』の神功皇后や応神天皇の時とされる朝鮮半島関係記事の中には、干支を二巡、つまり一二〇年くり下げることで歴史的実態と合致するものが含まれていることが指摘されており、これらの記事もそれにあたるとされる。「七枝刀一口」は現在、石上神宮に伝わる七支刀に等しいと考えられており、七支刀には泰和＝太和四年（中国、東晋の年号で西暦三六九年）に百済の王子（後の貴須王《きすおう》。近仇首王《きんきゅうしゅおう》とも）から倭王に贈与された刀とする旨の文言が刻まれている。四世紀後半の倭と百済の間における活発な通交関係が反映されているとみてよいだろう（吉田晶『七支刀の謎を解く』）。

『日本書紀』のこれらの記事は、この段階の百済に対する倭の主要な要求が、鉄の調達にあったことを示している。朝鮮半島南部の弁辰《べんしん》（弁韓とも）について記した中国の史書には、弁辰の鉄を周辺の加耶諸国と共に倭が獲得していたことが特記される（『三国志』魏書東夷伝弁辰条）。こうした考古学の成果や文献史料から、朝鮮半島産の鉄を入手することが、倭国の農業生産と軍備を維持するために死活的に重要であったことがうかがえる。周縁王族が王族として存在することができた理由、また周縁王族の支持集団として海人集団が独自の位置を占めることができた理由は、鉄素材調達のために不可欠な外洋航海の技術を保持していたことにあるとみてよいだろう。

王の条件

王が王であることを主張してそれが人びとに受け入れられるには、たんに強大な権力を持っているだけではすまされない。王に臣従する人びとをまとめ上げるための特殊な力を持っていること、また通交を結ぶ諸国の承認が必要であったことが想定される。古代史家、石母田正《いしもだしょう》は、邪馬台国の女王、卑弥呼が持つ二つの顔として、外国に向けられた開明的な王としての側面と、国内に向けられた呪術的な王としての側面の併存を指摘した（石母田正『日本の古代国家』）。それぞれの側面をどのように評価するかは別として、王としての正統性がこの二つの側面によって保障されることは間違いない。

五世紀の倭王の場合、ごく大まかにいえば、二つの側面は朝鮮半島諸国及び中国南朝との通交と、倭王墓としての巨大前方後円墳を頂点とする古墳の築造、またそこでの葬送儀礼の挙行に代表されていたと考えてよいだろう。このような倭王の二つの面は、沖ノ島祭祀遺跡の出土遺物によくあらわれている。中国王朝や朝鮮半島諸国に派遣される倭国の使者の航海安全を祈ったのが沖ノ島祭祀遺跡だが、そこでの奉献品は、基本的に近畿地方の古墳から出土する副葬品と共通する。倭王は葬送儀礼と外交関係の双方の代表者であることによってその地位を安定的に維持していたといえる。

しかし五世紀の場合、こうした倭王の立場は、あくまで理念的なものにすぎない。奈良盆地や大阪湾岸に残された巨大前方後円墳を倭王の墳墓と理解するならば、倭王は内に向けてはたしかに葬送儀礼の代表者であったことになる。また中国に使者を派遣し倭国王その他の称号を得ていること、七支刀銘文にみえるように、百済の王とも通交していることは、倭王が倭国の代表者として東アジア諸国から認められた存在であることを物語っている。

しかしながら、諸外国と通交するための具体的な外洋航海技術を保持していたのは海人集団を配下に持つ周縁王族であり、渡来人の招致や鉄の調達も彼らの協力なしには不可能だったと思われる。周縁王族は倭王と共に王権を構成するが、一方で倭王と対立的な性格も内包しており、かならずしも従属的立場にあったわけではない。周縁王族がいつの段階から存在したのか、たとえば王権発生当初から存在したのか、または中央支配権力を構成する有力な豪族たちが朝鮮半島諸国との関係を掌握する過程で王族を自称するに至ったのか、たしかなことはわからない。いずれにしても、五世紀段階の倭王は、対外関係の代表者としての側面を十分に掌握しきれておらず、その一部は周縁王族や彼らを支持する諸勢力によって分担されていたことが推測できる。

こうした倭王と王族たちの統治権の分節的状況を理解するためには、世界のほかの地域の事例を思い返すことも有効だろう。たとえばヨーロッパ、フランク王国後期のカロリング朝では、九世紀後半以来、伯の肩書きを持つ君主が国王の大権を簒奪し、実質的支配を行っていたという（佐藤彰一「フランク王国」）。倭国の周縁王族たちが倭王の支配権を奪ったのか、それとも本来保持していた支配権を維持していたのかは不明だが、王の権力基盤が脆弱である場合、その権限が複数の「王」たちによって分有されることは起こり得るのである。王権が一人の王によってのみ担保されるという考え方自体が、記紀による先入観にすぎないと考えた方がよい。

あらためて述べるならば、五世紀の倭王は対立する王族や豪族を暴力的に圧服するだけの実力は持っていたが、その内実は複数の王統が分立し、またその周縁に存在する王族もしばしば対立をくり返すような、不安定で流動的な状態であったということになる。こうした状態を克服し、安定的な支配体制を生み出すことは、五世紀の倭国を支配する王と豪族たちには困難だったのである。

第三章　五世紀の中央支配権力——ゆるやかな連合関係

1　五世紀の外交主体

葛城勢力

これまでにみてきたところによれば、五世紀段階では、倭王を出す中枢王族には少なくとも仁徳系と允恭系という二つの王統が存在し、相互に対立する状況にあった。また倭王とかならずしも血縁関係で結ばれているわけではないにもかかわらず、朝鮮半島諸国からの先進の技術や文化をもたらすことで王を名乗ることができた周縁王族も存在し、中枢王族と対立する局面もあった。このように、五世紀における倭国の支配体制は不安定で流動的であったのだが、その特徴をさらに解明するためには、倭王や王族だけに注目するのでは不十分で、王族たちを支える豪族のあり方にも注目する必要がある。

不安定性のカギを握るのは、海人集団と深く関わる、葛城氏、吉備氏、紀氏という、五世紀を代表する三つの豪族たちが周縁王族と結んでいた連合関係である。五世紀後半に至って雄略天皇が登場し、彼らを弾圧することで状況が一変するまで、王権の構造はこの三者が存在することで規定されていたといっても過言ではない。ただ氏族という制度が成立するのは六世紀のことであり、五世紀の段階でこれらの勢力を氏と称するのは正確ではな

奈良県極楽寺ヒビキ遺跡の大型建物（画面上の合成による復元。建物の復元案は黒田龍二氏による）

い。ここでは、これらの地域を拠点とする集団を示す名称として、葛城勢力、吉備勢力のように、勢力の語を用いたい。

葛城勢力は、大和国葛上郡《かづらきのかみぐん》、葛下《かづらきのしも》郡《ぐん》、忍海郡《おしぬみぐん》という、奈良盆地南部の広い範囲を拠点とする勢力の総称である。仁徳后妃の磐之媛《いわのひめ》をはじめ、履中后妃の黒媛《くろひめ》、雄略后妃の韓媛《からひめ》など、歴代の倭王の后妃を出してきた葛城勢力は、王族を除けば五世紀の倭国でもっとも有力な構成員といえる。その拠点でみつかっている南郷遺跡群、極楽寺ヒビキ遺跡、また四世紀の倉庫群を中心とする秋津《あきつ》遺跡などの巨大遺跡群も葛城勢力の勢力範囲に位置する。

一方、葛城勢力は倭王からくり返し弾圧を受け、ついには衰退する存在として描かれる。允恭天皇の時には、葛城の玉田宿禰《たまたのすくね》が、先帝、反正天皇の殯宮《ひんきゅう》に仕えず、無礼であったことを理由に殺害される（允恭天皇五年七月己丑条）。雄略天皇の時には、円大臣《つぶらのおおみ》が、安康天皇を殺害した眉輪王《まよわのみこ》（大日下王の遺児）をかくまったことで死に至り（第二章）、その所領と娘の韓媛は雄略に奪われる。

　これらの伝承は『古事記』、『日本書紀』にみえるものだが、その素材はそれぞれに異なっている。玉田宿禰の伝承は、その行状を允恭に報告したとされる尾張連氏の記録が『日本書紀』に採録されたものと思われる。円大臣の伝承は、『日本書紀』では眉輪王と共に死んだ坂合黒彦王《さかあいのくろひこのみこ》に殉じて、その臣下、坂合部連贄宿禰《さかあいべのむらじにえのすくね》もまた死んだことが強調される。一方、『古事記』では、円大臣が韓媛と共に献上するとした所領、「五処の屯宅《みやけ》」（『日本書紀』では「葛城の宅七区」）の人びとの子孫が葛城の五村の苑人であると記される。円大臣の物語は、『日本書紀』は坂合部連氏の記録によって、『古事記』は葛城の苑人の起源譚によって構成されているといえる。このように、出所を異にする伝承によって伝えられた葛城勢力衰退の過程は、歴史的事実とみてさしつかえない。

　葛城勢力の始祖的存在である襲津彦《そつひこ》は、朝鮮半島諸国との交渉で活躍する。『日本書紀』に収録された「百済記」には沙至比跪《さちひこ》という人物がみえ、朝鮮半島での行動が記される。このことから、襲津彦と沙至比跪を同一人物とする見解がある（井上光貞「帝紀からみた葛城氏」)。壬午年(四四二年説が有力)、沙至比跪は新羅の攻撃を受けた加羅《から》国の支援のために派遣されながら、かえって新羅と通じたので、加羅は百済に通じた。沙至比跪は天皇の不興を買い、帰還できないままに死んだという(神功皇后摂政六二年条所引「百済記」)。

襲津彦・沙至比跪の伝承によく示されているように、葛城勢力の最大の特徴は、朝鮮半島諸国と密接な関係を持つことである。葛城の桑原、佐糜《さび》、高宮、忍海の四つの村には漢人が居住し、彼らは襲津彦が草羅城《さわらのさし》(現大韓民国慶尚南道梁山《ヤンサン》市に比定)から連れ帰った「俘人《とりこ》」の子孫とされていた(『日本書紀』神功皇后摂政五年三月己酉条)。このほか、代表的な渡来集団である秦《はた》氏も襲津彦に率いられて加羅から渡来したという伝承を持ち(『日本書紀』応神天皇一四年是歳条、同一六年八月条)、百済の王族、酒君《さけのきみ》を倭に連れ帰ったのも襲津彦と伝えられる(『日本書紀』仁徳天皇四一年三月条)。とりわけ沙至比跪の伝承は、葛城勢力が新羅や加耶と独自に交渉を行うことができる、倭王から半ば自立的な存在だったことを物語っている。

葛城勢力と渡来系集団とのつながりは、考古学の発掘調査でも示されている。先にみた南郷遺跡群では、渡来系集団の集落に特徴的にみられる、石垣の基壇をもつ大壁建物《おおかべたてもの》がみつかっており、出土した遺物から鉄器生産に関係する人物の住居であることが指摘されている(坂靖・青柳泰介『葛城の王都　南郷遺跡群』)。

このような葛城勢力にとって、外洋航海に必要な技術を保持する大阪湾岸の海人集団と緊密なつながりを持つことは、どうしても必要なことであった。このつながりは、葛城に祭られる神格にも反映されている。葛上郡に鎮座する式内鴨都波八重事代主命神社《かもつばやえことしろぬしのみことじんじゃ》は、同じ葛上郡の式内高鴨阿治須岐託彦根命神社《たかがもあぢすきたかひこねのみことじんじゃ》と共に葛木鴨神と呼ばれた、葛城勢力にとってもっとも重要な神格である（西宮秀紀「葛木鴨〈神社〉の名称について」）。事代主神は、「八尋熊鰐《やひろわに》」に姿を変えて三島溝橛姫《みしまのみぞくいひめ》という女性と通じたとする伝承を持つ（『日本書紀』神代上第八段一書第六）。これは海神の娘、豊玉姫が出産の際、本来の「八尋大熊鰐《やひろくまわに》」のすがたに戻ったとする伝承（『日本書紀』神代下第一〇段一書第一）と共通するので、事代主神と海人集団との密接な関係を物語るといえる。また平安時代前期にまとめられた、住吉の神を祭る津守《つもり》氏の由来を記す『住吉大社神代記』には、海人集団の拠点のひとつ、住吉の地に葛城の神である忍海神が祭られていたことが記されている。

葛城勢力はまた、造船に携わる勢力とも直接結びついていた。各地で造船の用材の管理にあたったとみられる、その名も船木連《ふなきのむらじ》という氏族がある。『住吉大社神代記』に引用される「船木等本記」と名づけられた船木連の始祖系譜には、諸国の船木連と葛城勢力との間の婚姻関係がくり返し記される。海人集団や造船に関わる勢力との強い結びつきが、朝鮮半島における葛城勢力の通交能力を支えていたと考えられる。

造山古墳（岡山市）日常的に立入り可能な前方後円墳としては全国最大

吉備勢力

瀬戸内海沿岸、現在の岡山県から広島県東部を拠点とする吉備勢力もまた、五世紀以来、朝鮮半島で活躍した勢力である。五世紀における吉備勢力の威勢をもっともよく示すのは、五世紀前半に築造された前方後円墳、造山《つくりやま》古墳（岡山市。全長約三六〇メートル）と、それに続く作山《つくりやま》古墳（総社《そうじゃ》市。全長約二八二メートル）である。特に造山古墳は大阪湾岸の倭王墓を除けば最大、全国で第四位の規模を持つ。特に上石津《かみいしづ》ミサンザイ古墳（石津ヶ丘古墳とも。履中天皇陵に比定）とは同規模、同規格で設計されているという（白石太一郎『古墳とその時代』）。

『日本書紀』は、雄略天皇の時に吉備勢力がくり返し討伐の対象となったことを伝える。その一つが、田狭《たさ》の伝承である。吉備の上道臣《かみつみちのおみ》田狭が宮廷で妻の稚媛《わかひめ》の美貌を自慢したところ、雄略は田狭を新羅に派遣し、その隙に稚媛を奪ったという。異伝では、雄略が田狭を殺害して妻を奪ったとする（雄略天皇七年是歳条）。さらに、稚媛との間に生まれた星川王《ほしかわのみこ》は、雄略の死後、後継者の清寧天皇に敗れて稚媛と共に殺害される（清寧天皇即位前紀雄略天皇二三年八月条、是月条）。これとは別に、下道臣前津屋《しもつみちのおみさきつや》は、雄略打倒のくわだてが露見して殺害される（雄略天皇七年八月条）。このように倭王からたび重なる弾圧を受けた勢力は、葛城と吉備のほかには存在しない。吉備勢力の自立的な性格がうかがえる。

『日本書紀』には、田狭の伝承のほかにも、吉備の豪族の朝鮮半島での活動を示す記事がみえる。とりわけ、継体天皇の時に派遣された近江臣毛野《おうみのおみけぬ》が倭人と任那《みまな》の人の間に生まれた子の帰属を裁いた際、吉備韓子那多利《きびのからこのなたり》、斯布利《しふり》を殺害したことを批判的に扱った記事が注目される（継体天皇二四年九月条）。任那は朝鮮半島南部の小国の連合体である加耶の『日本書紀』での呼称である。吉備韓子那多利、斯布利について、『日本書紀』は「大日本人《おおやまとのひと》」つまり倭人と加耶の女性を指す「蕃女《となりぐにのめ》」の間に生まれた子と注釈している。六世紀初頭の段階で、吉備勢力の男性と加耶の女性の間に子が生まれるような事態が生じていることは、それ以前からの加耶における吉備勢力の活発な行動を反映したものだろう。

吉備と朝鮮半島とのつながりは、造山古墳の陪冢《ばいちょう》とされる榊山古墳から、加耶の一部、金官加耶国《きんかんかや》を経由してもたらされたと考えられる馬形帯鉤や龍文透金具、多孔鈴などの遺物が出土していることからも確実である。奈良時代の吉備には多くの渡来系集団が居住していたが、それは五世紀以前からの吉備勢力の朝鮮半島での活動を前提とするものであった。『日本書紀』の田狭の伝承では、田狭の子の弟君と共に百済に派遣された吉備海部直赤尾《きびのあまのあたいあかお》が、百済の技術者たち（「手末才伎《たなすえのてひと》」）を連れ帰ったことが記される（雄略天皇七年是歳条）。六世紀後半の敏達朝には、越《こし》に漂着した高句麗使節を吉備海部直らが送還したことがみえる（敏達天皇二〈五七三〉年五月戊辰条）。六世紀に降るものも含むが、吉備勢力の朝鮮半島における活動を支えたのが、直接には吉備海部直であったことがうかがえる。

紀伊勢力

吉備海部直と共に朝鮮半島における通交を担ったのが、紀伊勢力である。敏達天皇一二（五八三）年、吉備海部直羽島《きびのあまのあたいはしま》と共に百済に派遣された豪族として、紀国造押勝《きのくにのみやつこおしかつ》がある。紀国造は紀伊を拠点とする地域勢力だが、対外交渉に際して吉備と紀伊が共に行動することは、六世紀にはじまったことではない。『日本書紀』には、五世紀後半、雄略天皇の時に新羅討伐のために派遣された紀小弓宿禰《きのおゆみのすくね》の身辺を世話するために、吉備上道采女大海《きびのかみつみちのうねめおおあま》が遣わされたことが記される。小弓は新羅の地で病死し、帰国した大海は大伴室《おおとものむろ》屋大連《やのおおむらじ》に頼んで小弓の墓を田身輪邑《たむのわのむら》に築く。大海は、室屋に韓《から》の奴《やっこ》を送って謝意をあらわす。吉備の上道《かみつみち》の蚊島田邑《かしまだのむら》の家人部《やけひとべ》がそれにあたるという（雄略天皇九年三月条、五月条）。五世紀以来、紀伊勢力が吉備と共に朝鮮半島交渉を担っていたことがうかがえる。

『日本書紀』には、小弓の死後、子の大磐《おおいわ》（生磐）が新羅で専権を振るい、そのことで倭軍の統制の乱れたことが記される。さらに、大磐の専権を忌避した小鹿火宿禰《おかひのすくね》という人物が大伴室屋を頼り、帰国後に角国《つののくに》（周防国都濃郡。山口県中部）にとどまることを願ったので、角臣《つぬのおみ》と呼ばれるようになったという伝承を載せるが、角臣は紀朝臣《きのあそん》氏と同族関係にあった。朝鮮半島における紀伊勢力の活動が瀬戸内海沿岸の地域勢力に支えられていたことがうかがえる（第四章）。

紀伊勢力と朝鮮半島との密接な関係を裏づける考古資料として、紀ノ川北岸の大谷《おおたに》古墳（和歌山市）からは朝鮮半島産の特殊な馬具が出土しており、その近郊の楠見《くすみ》遺跡からも、渡来系集団の技術で作られた土器（韓式系土器）が多数出土している。

紀伊勢力と朝鮮半島、また渡来系集団と紀伊との交流を支えるものとして、ここでも海人集団とのつながりを考えることができる。紀伊には海部郡があり、そこの潜女《かずきめ》と呼ばれる海人が大嘗祭での海産物の貢納に重要な役割を果たしたことは先にみた（第二章第四節）。紀伊の海人もまた、海産物採集だけでなく、やはり外洋航海に秀でた技術を持っていたと思われる。『日本書紀』には、素戔嗚尊《すさのおのみこと》の御子神《みこがみ》である五十《い》猛命《たけるのみこと》らが紀伊に樹木を植えたとする伝承がある（神代上、第八段一書第四、第五）。

造船に適した良質の木材が紀伊に多く産したことは古くから知られていた。紀伊国名草郡に祭られる志麻《しま》（志磨）、静火《しずひ》、伊達《いだて》の三神は、『住吉大社神代記』に「船玉《ふなたま》の神」と記され、さらに「斎祀《いつきまつ》るは紀国の紀氏神」と注記される（「部類神・子神」）。これらの船玉の神とは、外洋航海にあたってその船を守護する神格として記される。朝鮮半島との通交では、こうした紀伊の良材で作られる特別な船舶とそれを操縦する人びとが重要な役割を果たしたといえる。

これまでの検討によって、大和の葛城、吉備、紀伊という三つの地域の勢力が、海人集団と密接な関係をもちつつ、朝鮮半島諸国との活発な交流を担っていたことが明らかになったといえる。倭王が朝鮮半島諸国および中国へ使節を派遣する際も、これらの勢力に依存する必要があったと考えられる。

ただ葛城、吉備、紀伊の勢力がそれぞれ海人集団と密接な関係にあったこと、また彼らが渡来系集団を招くうえで重要な役割を果たしたことは、多かれ少なかれ、これまでにも指摘されてきたことである。重要なことは、これらの勢力がお互いにどのように結びついていたのか、その結びつき方を具体的に明らかにすることである。その作業がなければ、五世紀――より具体的には雄略以前――の政治的統一体の構造を明らかにすることもまた、むずかしいだろう。次に、この問題を考えてみたい。

大阪湾岸の拠点

葛城と吉備、紀伊の諸勢力の関係を考えようとする際、その特徴は吉備に注目することでとらえやすくなる。先に、雄略天皇に妻の稚媛を奪われて朝鮮半島に送られた、吉備上道臣田狭の伝承を取り上げた。田狭の妻について『日本書紀』は、葛城襲津彦の孫、玉田宿禰の子で毛媛《けひめ》とする異伝を伝える。さらに、雄略は田狭を殺害して毛媛を奪ったという。

稚媛と毛媛の関係や、田狭のその後はわからない。しかし、こうした異伝が生まれる背景には、吉備勢力と葛城勢力の間に密接な関係があったことを想定する必要があるだろう。一方、吉備と紀伊の関係は、前段で取り上げた紀小弓宿禰と吉備上道采女大海の伝承にあらわれている。大海は采女として位置づけられているが、実際には小弓と婚姻関係にあったと考えるのが適切だろう。

ほかにも、星川王の乱に際して、乱に荷担した城丘前来目《きのおかさきのくめ》が戦死を遂げたとする伝承がある。城は紀に通じ、丘前は中世の荘園、岡崎庄にその名を残す現在の和歌山市域の地

西陵古墳（大阪府岬町）和泉国に属すが、出土した埴輪の製作技法などから紀伊勢力によって造営されたと考えられる

名であるから、これが事実であれば、吉備の勢力が起こした反乱に、紀伊の勢力が加わっていたことになる。なお来目は、前節でみた紀小弓宿禰が指揮した新羅との戦争で死んだとする伝承も『日本書紀』にみえるが、これは大海が小弓にしたがって新羅にあった際の話だから、来目の物語はやはり吉備と紀伊との関係の中で伝えられていたことになる。

このように考えた場合、小弓と大海の伝承が大阪湾岸南端の淡輪《たんのわ》を舞台としていることが注意を引く。淡輪には全長約二一〇メートルの西陵《さいりょう》古墳と全長約一八〇メートルの淡輪ニサンザイ古墳という二基の巨大前方後円墳があり、これを紀伊の勢力の墳墓とする有力な見解がある（山田暁・岸本直文「淡輪ニサンザイ古墳〈宇度墓〉の発掘調査見学報告」）。大阪湾岸南部の和泉地域には紀氏の同族が多く居住していることも合わせ考えるならば、五世紀の紀伊勢力の拠点を紀伊に限定する必要はなく、大阪湾岸を含めて考えた方がよい。『播磨国風土記』には、大阪湾北部の淀川の渡河点、高瀬済《わたし》の渡し守が、紀伊国の小玉《おたま》という人物であったことが記される（賀古郡条）。紀伊勢力は、大阪湾岸の全域に分布していたのである。

大阪湾岸を拠点化していたのは、紀伊だけではない。吉備もまた、大阪湾岸に勢力を及ぼしていた。東大寺正倉院に残された奈良時代の戸籍に関係する文書（勘籍《かんじゃく》）には、河内国丹比郡に吉備系の上道氏が居住していたことが記される（正倉院丹《に》裏《づつみ》文書《もんじょ》第五三号）。また上道臣田狭の子、弟君について、朝鮮半島の技術者（手末才伎）の招致を命じられて百済に渡った後、雄略に叛意を抱く父に荷担して妻に殺害されるものの、共に百済に渡った西漢《かわちのあやの》才伎《てひと》歓因知利《かんいんちり》という渡来系の人物が技術者たちを連れ帰る話がみえる。この伝承の異伝では弟君は殺害されず、みずから漢《あやの》手《て》人《ひと》部《べ》、衣縫部《きぬぬいべ》、宍人部《ししひとべ》という渡来人を連れ帰ったことになっている。手人は技術者の総称、衣縫は衣服の縫製、宍人は鳥獣の調理にあたる技術者と考えられている。漢手人部と伝承の本文にみえる西漢才伎は、対応関係にあるとみてよいだろう。西漢才伎は河内を中心に配置された渡来系集団とみられ、衣縫もまた河内や和泉を拠点とする渡来系集団である。なお吉備にも西漢人という渡来系集団が分布しており〈天平一一〈七三九〉年「備中国大税負死亡人帳」など〉、伝承が史実の一端を伝えるものであることを物語る。

星川王の乱の際、星川方に荷担した河内の三野県主小根《みぬのあがたぬしおね》は、草香部吉士漢彦《くさかべのきしあやひこ》の取りなしで大伴室屋に助命を請い、その見返りに室屋に難波の来目邑《くめのむら》の大井戸の田一〇町を、漢彦には田地を贈ったという。三野県主は、河内の若江郡を拠点とする豪族である。同じく大阪湾岸を拠点とする草香部吉士氏、また中央貴族の大伴氏の記録が『日本書紀』に収められたものと思われるが、星川王側の勢力が難波に拠点を持っていたことが確認できる。これらの事例の積み重ねにより、吉備勢力が大阪湾岸に拠点をもっていたことは確実である。

これに関連して、『古事記』に石木王《いわきのみこ》の娘として、難波女王《なにわのひめみこ》という王族がみえることが注目される〈顕宗天皇段〉。石木王とは、星川王の兄として『日本書紀』にみえる磐城王を指すものと思われる。難波女王は『日本書紀』では難波小野王とし、磐城王の孫とされるなど、その系譜関係が『古事記』と整合しないところもある。しかしここでは、難波女王が星川王の兄の血を引く存在であることが確認できればよい。吉備勢力出自の女性を母とする彼らの後裔に難波を名とする王族が存在することは、吉備勢力の拠点が大阪湾岸にあることと対応関係にあるからである。吉備勢力本来の拠点は吉備であるが、倭国有数の勢力であり、倭王とも近しい関係にあった彼らは、三野県主のような豪族や海人集団との関係を通じて大阪湾岸に進出するに至ったのだろう。大阪湾岸の拠点は、星川王や磐城王のような吉備系の王族の拠点としても用いられたものと思われる。

一方、葛城勢力もまた、大阪湾岸に広範に勢力を展開していたことが指摘されている。奈良盆地南部を拠点とする葛城勢力にとって、大阪湾岸は山を隔てた隣接地域であり、多くの同族が分布していた。さらに、葛城から南下して到達する吉野川は紀ノ川の上流域であり、葛城勢力は紀伊勢力とも密接な関係にあった。葛城、吉備、紀伊の諸勢力は、個別に海人集団と関係を結んでいただけでなく、大阪湾岸を舞台として相互に密接な関係を持っていたといえる。雄略登場以前の五世紀の倭国には、大阪湾岸で結節される、葛城、吉備、紀伊そして海人集団という一つの政治的連合体が存在したのである。

この連合体がどの段階で成立したのか、文献史料から正確なことはわからない。しかし吉備勢力の興隆を示す造山古墳の築造年代がおよそ五世紀前半に求められること、紀伊勢力の大阪湾岸進出を示す淡輪ニサンザイ古墳の築造が、やはり五世紀前半であることからすれば、五世紀前半を画期として成立したものとみることができるだろう。

2　王族としての葛城勢力

ホムチワケ王の伝承

葛城、吉備、紀伊の連合体、とりわけ葛城勢力が、具体的に周縁王族とどのような関係にあったのかを考えるうえで興味深い伝承が、『古事記』、『日本書紀』にみえるホムチワケ（本牟智和気）王の物語であり、アヂスキタカヒコネ（味耜高彦根）神の物語である。葛城勢力を統率する政治的な人格がホムチワケ王であり、神格の形であらわしたものがアヂスキタカヒコネ神なのである。ホムチワケ王とアヂスキタカヒコネ神の物語は多様な展開を見せるが、五世紀の歴史的実態をあらわしていると考えられるのは、それぞれの出雲地域に関わる部分であり、それらは総じて葛城勢力がその勢力の拡大をはかり出雲に侵攻した事実を、神話・伝承の形で示したものと考える。

ホムチワケ王は垂仁天皇と狭穂姫《さほびめ》の間の子で、狭穂姫の兄、狭穂彦《さほびこ》が起こした反乱に巻き込まれ、佐保（現奈良市）で燃えさかる炎の中から生まれたと伝承される。なおホムチワケ王は、『日本書紀』ではホムツワケ（誉津別）王と記されるが、それは火の中から生まれたことを強調するためにホムチをホムツと言い換えたもので、本来の名称ではない。いずれにしても、葛城勢力との関係は直接には記されておらず、伝承の要素を読み解くことによってはじめて明らかにすることができる。一方、アヂスキタカヒコネ神は大国主命と宗像の奥津宮、つまり沖ノ島に祭られる女神の間に生まれたとされるが（『古事記』上巻）、大和国葛上郡の高鴨阿治須岐託彦根神社がその鎮座の地なので、葛城の神であることは明らかである。

まずホムチワケ王についてみておきたい。『古事記』、『日本書紀』に記されたホムチワケ王の物語はとても長く、かつ多様な要素で構成されている。しかしその多くはホムチワケ王伝承にかこつけて氏族が付け加えた物語（王が白鳥を追いかけて各地をめぐり、その地に鳥取部が置かれたとする話、丹波から呼び寄せられた女王たちに養育された話など）で、王が何者であるかを考えるうえでは副次的な要素にすぎない。この伝承の本来の形はきわめて簡潔で、生まれつき話すことができなかったホムチワケが出雲に出向き、出雲大神の祟りを解くことで話せるようになったということと（『古事記』）、王が各地を巡行する際にホムチ部（品治部）を設置したとすることの二点に要約できる。実在があやしまれる垂仁天皇の子とされるところから、ホムチワケ王の実在には大きな疑問が呈されてきた。もちろん、『古事記』、『日本書紀』に登場するホムチワケ王そのものが実在したとは考えられない。しかしそのモデルとなる王が存在したことは認めてよい。

講談社現代新書
発行部数ランキング
（1964年創刊）

31位　わかりやすく〈伝える〉技術
池上　彰

32位　働くということ
黒井千次

33位　日本人の論理構造
板坂 元

34位　未来の年表2
河合雅司

35位　正しく考えるために
岩崎武雄

36位　文章構成法
樺島忠夫

37位　騎手の一分
藤田伸二

38位　じぶん・この不思議な存在
鷲田清一

39位　昭和の怪物 七つの謎
保阪正康

40位　ハプスブルク家の女たち
江村　洋

人は会社員であるから仕事をするのか、
仕事をするから会社員であるのか。

黒井千次（『働くということ』）

ホムチとは、大和国葛下郡に存在した品治《ほむち》郷にちなむ名である。ホムチワケ王とは、葛城地域に含まれるホムチの地に住まう王、という意味なのである。さらに、伝承にみえるホムチ部と呼ばれる人びとが各地に実在したことが、木簡や正倉院文書などから確認できる。ホムチ部とは、ホムチの宮に仕え、かつそこに住まう王族に奉仕する人びとの意味である。王宮に仕える人びとが存在する以上、ホムチワケ王として伝承化される人物のモデルになる王は存在した、と考える必要があるだろう。

ホムチワケ王が葛城地域を拠点としたと考えるべき別の伝承もある。次にみる『古事記』の出雲出行の物語で、ホムチワケ一行が大和のどの地から出発するかが問われ、大和と山背の境界（那良戸《ならと》）、大和と河内の境界（大坂戸《おおさかと》）、そして大和と紀伊の境界（木戸《きと》）の中から木戸が選ばれる、というものである。佐保の地と接する那良戸が選ばれていないことは、ホムチワケ王と佐保が、本来的な結びつきをもたないことを示唆する。紀伊と境界を接する大和側の地こそ、葛城地域である。このことは、ホムチワケ王が葛城の地を拠点とする王であったことを物語る。

出雲出行の物語

ホムチワケ王が伝承的な王族であるとしても、その活動がいつの時代に求められていたのかは検討すべき課題である。そこで注目したいのが、ホムチワケの出雲出行の物語である。この物語は『古事記』にしかみえないことから、これまでホムチワケの伝承として本質的なものとは位置づけられていなかった。また『日本書紀』には、七世紀後半、斉明天皇の時に出雲の社の修造記事がみえることと（斉明天皇五〈六五九〉年是歳条）、斉明が鍾愛《しょうあい》した健皇子《たけるのみこ》（天智天皇の子）がことばを発しなかったことを結びつけて、この頃に造作されたものとする見解もあるが、健皇子と出雲との関係、またホムチワケ王との関係は憶測の域を出ない。実はこの出雲出行の物語にこそ、ホムチワケ伝承が作られた時期を考える手がかりが含まれている。

この物語は、ホムチワケが出雲大神の祟りによって発語できないことが明らかになり、その怒りを解くためにホムチワケ一行が出雲に向かうところから始まる。その要点は、ホムチワケが肥河《ひのかわ》（斐伊川《ひいかわ》）で出雲国造の祖、岐比佐都美《きひさつみ》の饗応を受け、さらに肥長《ひなが》比売《ひめ》と一夜を共にするが、その正体が蛇体であることに驚いて逃げ帰るというものである。岐比佐都美は、『出雲国風土記』にみえる天津枳比佐可美高日子命《あまつきひさかみたかひこのみこと》（出雲郡漆治郷条）をさす。この神は、出雲西部の出雲郡の神名火山《かんなびやま》（現島根県出雲市の仏経山《ぶっきょうざん》に比定される）にある曽支能夜《そきのや》社に祭られる。出雲出行物語の中では、ホムチワケが岐比佐都美について、「出雲の石硐《いわくま》の曽宮《そのみや》に坐《いま》す、葦原色許男大神《あしはらのしこおのおおかみ》を以《も》ちいつく」と述べる。岐比佐都美

キヒサツミが鎮座する神名火山（島根県仏経山）（撮影：平石充氏）

は、出雲西部の地域的神格であったのだろう（高嶋弘志「出雲国造の成立と展開」）。葦原色許男大神とは出雲大神のことであるので、岐比佐都美が出雲大神に仕える存在として位置づけられていたことは間違いない。

ただし奈良時代に出雲大神を祭る出雲国造、つまり出雲臣は、中央貴族の土師《はじ》氏の祖神、天穂日命《あまのほひのみこと》を祖としている。一方の肥長比売もまた、斐伊川を神格化した原初的な性格を残した存在といえる。つまりホムチワケ王が交渉したとされる出雲の勢力とは、出雲臣が出雲国造として出雲大神を祭る形態が成立する以前の古態を伝えているのである。ホムチワケ王が象徴する葛城勢力が最終的には雄略によって弾圧され、五世紀後半に衰退することをもふまえるならば、出雲地域とホムチワケ王の交渉は、五世紀後半以前にさかのぼる史実を反映したものと捉える必要がある。

このように、ホムチワケ王の伝承はすべてが後世に作られたものではなく、そこには五世紀後半以前の一定の史実が含まれている。その段階では、葛城勢力は有力な豪族であると同時に、周縁王族の一員としても認識される存在であったことになる。

アヂスキタカヒコネ神の伝承

アヂスキタカヒコネ神の伝承は、『古事記』、『日本書紀』にみえるものと、『出雲国風土記』にみえるものに大別できる。『出雲国風土記』では、この神はアヂスキタカヒコ（阿遅須枳高日子）と、ネを省いて記されるが、ネは尊敬、親愛を表す接尾語なので、同一の神格である。またこの神は、ホムチワケ王と同じくことばを発することができない存在として記される。

出雲南西部の仁多《にた》郡三沢《みさわ》郷（三津と読む説もある）では、昼夜泣き通すばかりのこの神を、親神の大穴持命《おおなむちのみこと》（大汝命＝大国主命）が三沢に連れてきたところことばを発したので、この地の沢で沐浴したという（仁多郡三沢郷条）。出雲西部の神門《かんど》郡高岸《たかぎし》郷では、昼夜泣く同神を親神の大汝命（天の下造らしし大神）が梯（高椅）を立ててあやしたとされる。また同じ神門郡塩冶《やむや》郷では、地域の神格と思われる塩冶毗古能命《やむやひこのみこと》の親神とされる。アヂスキタカヒコネ神は、出雲の最高の神格である大汝命の御子神である一方、地域の神格に対しては親神として位置づけられる存在であった。

出雲には、アヂスキタカヒコネ神の伝承が分布するこれらの地域だけでなく、ホムチ部が多く分布する。このことは、出雲にホムチワケ王またはホムチの宮に奉仕する集団が置かれたことを意味すると共に、アヂスキタカヒコネ神の伝承がホムチ部の人びとによって伝えられたことをも意味すると考える。

アヂスキタカヒコネ神は、『古事記』では「迦毛大御神《かものおおみかみ》」とも呼ばれる。迦毛は葛上郡上鳧《かみつかも》・下鳧《しもつかも》の地をさす。大御神の呼称は、『古事記』の中では、ほかに天照大御神、伊《い》耶那岐《ざなぎ》大御神と、天皇の祖先神にしか用いられない特別な呼称である（青木紀元『日本神話の基礎的研究』）。『古事記』におけるホムチワケ王の称号は「御子」なのだが、同書の中で御子と呼ばれる存在は基本的に天皇であり、例外はホムチワケと倭建命《やまとたけるのみこと》のみであることも指摘されている（川副武胤『古事記』）。このことは、『古事記』におけるアヂスキタカヒコネ神、ホムチワケ王が、天皇やその祖先神に等しい地位を与えられていたことを示す。

ホムチワケ王とアヂスキタカヒコネ神の一体性は、『尾張国風土記』逸文（他の書物に引用されて残った条文。この部分は鎌倉時代に作られた『日本書紀』の注釈書、『釈日本紀《しゃくにほんぎ》』に引用されている）にみえる伝承によくあらわれている。垂仁の子、ホムチワケ王（原文は品津別皇子）がことばを発しないことについて、皇后（狭穂姫か）の夢に多具国《たくのくに》の神、阿麻乃弥加都比《あまのみかつひ》女《め》があらわれ、みずからを祭る祝《はふり》を得られればよくものを言うようになり、寿命も長かろうと告げたというのである。

多具国とは、『出雲国風土記』にみえる出雲国島根郡の多久川流域一帯の地域名（現松江市鹿島町南講武周辺）と思われるが、風土記には、アヂスキタカヒコネ神の后、天御梶日女命《あめのみかじひめのみこと》が出雲国楯縫郡《たてぬいぐん》の多久《たく》村に来て子を産んだことが記される（楯縫郡神名樋山条）。阿麻乃弥加都比女と天御梶日女命は、同一の神と考えてよい。この女神が『尾張国風土記』でホムチワケの発語を左右する存在であることと、『出雲国風土記』でアヂスキタカヒコネ神の妻神とされることとの間には、密接な関係があるとみるべきだろう。ホムチワケ王とアヂスキタカヒコネ神は葛城勢力を人格と神格であらわす際の一対の存在として考えるべきであり、出雲との交渉を語る伝承は、葛城勢力の出雲地域への勢力拡大を示すものとみるべきなのである。

周縁王族としての葛城勢力

ただしホムチ部やアヂスキタカヒコネ神の信仰は、出雲にのみ分布するわけではない。ホムチ部は出雲をはじめとする山陰地方から北陸地方にかけての日本海側や、播磨や備後、安芸などの瀬戸内海沿岸地域に広範に分布する。アヂスキタカヒコネ神については、出雲のほかに、播磨や土佐にその分布が確認できる。播磨の場合、『播磨国風土記』に、神崎郡多駝里《ただのさと》に同神が鎮座するとされる。多駝里は『日本書紀』にみえる佐伯直《さえきのあたい》阿《あ》俄能胡《がのこ》が天皇から賜与されたと伝承される地であり（『播磨国風土記』神前郡多駝里条。ここでは阿我乃古と記される）、佐伯直の拠点であるが、阿俄能胡は仁徳天皇の時、吉備品遅部君雄《きびのほむちべのきみお》鯽《ふな》と共に仁徳の求婚を拒絶して隼別王と結ばれた雌鳥女王を討伐したことが記されるように（仁徳天皇四〇年二月条）、ホムチ部との関係が密接である。

土佐の場合、『土佐国風土記』逸文には、土佐郡に土左高賀茂大社が鎮座したことが記され、その祭神としてアヂスキタカヒコネ神とする一説が記される（『釈日本紀』一二、一五）。土左高賀茂社は『日本書紀』天武紀にみえる土左大神（天武天皇四〈六七五〉年三月丙午条）と同一と考えられるが、土左郡には同神に奉仕する鴨（賀茂）部に関わる鴨部《かもべ》郷があり、葛木男《かづらきお》・葛木咩《かづらきひめ》神社がある。先にみたように、鴨は葛城の鴨をさす。これらのことから、土佐と葛城勢力との間には濃密な関係があったとみることができる。このような、列島各地に点在するホムチ部、アヂスキタカヒコネ神の存在もまた、葛城勢力が各地に奉仕集団を置いて支配したことの反映と考える必要がある。

ホムチワケ王とアヂスキタカヒコネ神が共にことばを発することができない存在として記されていることは、こうした無言の王や神が葛城勢力にとって何かしらの重要な意味を持つことを示しているのであろう。『古事記』、『日本書紀』には、葛城に鎮座する一言主《ひとことぬしの》大神《おおかみ》の伝承がみえる。『古事記』では、雄略天皇が葛城で狩を行った際、雄略らとまったく同じ装いの一行があらわれて一触即発の場面を迎えるが、その正体が一言主大神であることがわかって和解に至る。雄略はその武具類と装束を一言主大神に奉献し、一言主大神は雄略を宮のある長谷の山の入り口まで送ったとする。ここで一言主が「私は悪いこともよいことも一言で言い放つ葛城の一言主の大神であるぞ（吾《あ》は悪事《まがこと》なれども一言、善事《よごと》なれども一言、言い離《はな》つ神。葛城の一言主の大神そ）」と名乗っているのは、要するにその一言以外はことばを発しないことを述べたもので、その属性はホムチワケ王やアヂスキタカヒコネ神と共通する。推測の域を出ないが、葛城地域に、ことばを発しない神に対する信仰があったことを示すものであろうか。

さらに一言主が倭王と同格の存在として描かれているところは、アヂスキタカヒコネ神の位置づけと共通する。土佐の高賀茂社の祭神については、先にみた『土佐国風土記』逸文の本文では一言主尊とされており、両神の近しさがうかがえる。古代の神話・伝承の世界では、葛城の王や神格は倭王や天皇の祖先神と同じ位置づけが与えられていることがあらためて確認できる。葛城地域に作られた前方後円墳として最大の室宮山古墳《むろみややま》（五世紀前半）は全長約二三八メートルで、巨大ではあるものの倭王墓とは比ぶべくもないことからすれば、神話・伝承の位置づけをただちに実態視することには慎重であるべきかもしれない。しかし一方で、この章の冒頭で述べたように、葛城地域には南郷遺跡群、極楽寺ヒビキ遺跡、秋津遺跡などのほかとは隔絶した巨大遺跡群が存在することも注意を要する。葛城勢力は前方後円墳の造営とそこでの葬送儀礼の挙行という、倭王としての資質は満たさないが、倭王と遜色ない実力を備えていた可能性が高い。ここに、周縁王族としての葛城勢力の特徴があらわれていると考える。

これまでの倭国の形成史研究では、こうした神話や伝承から歴史的実態を把握するという手法に対しては懐疑的であった。もちろん、神話や伝承を『古事記』や『日本書紀』の語るままに信じることはできない。ここにみる葛城の伝承も、そのまま歴史的実態とみることはできない。

しかし歴史書の語る目的やその素材となった氏族の記録など、原史料の主張を読み取ったうえで、それらとは異なる文脈で語られる部分に歴史的実態が反映されている可能性があることを、ホムチワケ王やアヂスキタカヒコネ神に関わる伝承は示している。そしてそれは、五世紀には葛城を拠点とする周縁王族が存在したという、これまで明らかにされることのなかった事実を示しており、しかもそのことは、五世紀の王族の実態を考えるうえで欠くことのできない素材なのである。

3　連合関係の終焉——雄略の弾圧

葛城と吉備の反乱伝承

ここまで、五世紀後半以前の段階で、葛城、吉備、紀伊という、海人集団を配下にもつ三者による政治的連合体が存在し、彼らが周縁王族を支える基盤であったこと、とりわけ葛城勢力出自の王が存在し、それを周縁王族と認めることができることを述べてきた。この連合体が雄略によって弾圧されたことを示すのが、『古事記』、『日本書紀』に雄略朝の頃とされる、葛城、吉備、紀伊の一連の反乱伝承である。

葛城勢力については、雄略天皇即位の時にみえる、葛城の円大臣討滅の伝承がある。本章第一節で論じたように、円大臣の討滅は、允恭天皇による玉田宿禰討滅以来の、允恭系王統と葛城勢力の対立関係に終止符を打つものであった。雄略による円大臣の娘、韓媛と所領の強奪は、允恭系王統が葛城勢力の中枢を掌握したことを示している。これによって葛城勢力が完全に滅んだわけではなく、雄略の子、清寧天皇の後には、葛城の系譜を引く忍海郎女の即位により、一時的ではあるが政権に返り咲くのであるが、かつての勢いを取り戻すことはできない。

雄略の時に衰退したのは、葛城勢力だけではない。吉備勢力もまた、雄略逝去後に勃発した星川王の乱を契機として衰退する。『日本書紀』は雄略逝去後、その妃で吉備出自の稚媛が子の星川王を後継者とすることをたくらんで王宮の大蔵を占拠するが、かえって火を放たれて殺害されたとする。こうした記述自体の信頼度は低い。ただ注目すべきなのは、この事件に吉備と紀伊の勢力がかかわっていたことである。

この乱で殺害された人物として、『日本書紀』は稚媛、星川王のほかに、磐城王の異父兄である兄君《えきみ》と城丘前来目《きのおかさきのくめ》の名を記す。来目が紀氏の人物であることは先にみた。磐城王は、雄略と稚媛のもう一人の子である。その異父兄とされる兄君とは、稚媛と吉備の上道臣田狭との間に生まれた兄君しかいない。田狭と共に朝鮮半島に渡って技術者を集めたとされる、弟君の兄である。つまり星川王の乱とは、倭国有数の勢力である吉備が深く関わり、それに紀伊勢力も荷担していたことからすれば、皇位継承をめぐる内紛にとどまるものではなく、政権を二分する大規模な内乱であった可能性を示す。またその結果として、周縁王族の支持基盤であった葛城、吉備、紀伊の連合体は崩壊し、王権の構造は大きく転換を遂げた。その点で、星川王の乱は五世紀の不安定で流動的な王権が専制化に向かう、大きな画期だったといえる。

星川王の乱と吉備との関係は、『日本書紀』の乱後の記事にも示されている。乱に際して、吉備の上道臣たちは星川王救援のために水軍を送ったが、王の死を聞き帰還した。このことを知った清寧天皇は上道臣らを譴責《けんせき》し、彼らが管理していた山部《やまべ》を奪ったというものである。山部は鉄もその一部に含む山林資源全般を管理する人びとをさす。この山部がどこの山部を指すのか、『日本書紀』は明らかにしていない。ただ同じ清寧の時に、「播磨国司」として派遣された来目部小楯《くめべのおたて》が縮見屯倉《しじみのみやけ》で弘計・億計の二王を見出した功績により「山官《やまのつかさ》」に任じられ、山部の氏姓を与えられたという記事があり、その際に吉備臣を「副」に任じたとすることが注目される（顕宗天皇元年四月丁未条）。

播磨国司の語は後世の造作だが、小楯の話は『播磨国風土記』にもみえ、そこでは「針間の国の山門《やまと》の領《つかさ》に遣されし」（播磨国の山林管理のために派遣された）と、独自の表現が用いられている（美嚢郡《みなぎぐん》志深里条）。清寧治世の前後に、倭王が播磨の山林資源に関する権益を吉備勢力から奪い、配下の山部に管理させた可能性は高い。

『播磨国風土記』は、丸部臣《わにべのおみ》らの始祖、比古汝茅《ひこなむち》が播磨の加古川《かこがわ》河口部に派遣され、国の境を定めた際、吉備比古《きびひこ》と吉備比売《きびひめ》の二人が迎えたことを記す（印南郡南毗都麻《いなみぐんなびつま》条）。加古川を境に中央の支配勢力と吉備の勢力が対峙したとする伝承は、『古事記』にもみえる。孝霊《こうれい》天皇の子とされる大吉備津日子命《おおきびつひこのみこと》と若建吉備津日子命《わかたけきびつひこのみこと》が播磨の氷河《ひかわ》の前に忌《いわい》瓮《べ》を据えて吉備を平定したという話がそれである（孝霊天皇段）。大吉備津日子らを天皇の

加古川西岸の升田山から加古川河口部を望む（撮影：坂江渉氏）

子とするのは後世の造作で、本来は吉備の勢力そのものをさすのであろう。氷河は加古川をさす。忌瓶とは祭祀に用いる瓶のことで、境界を定める際に呪力を持つと考えられた壺や瓶を置くことは古代史料上、しばしばみられる。こうした伝承は、中央の支配勢力が播磨を掌握しようとする際、加古川以西の播磨を代表する勢力として、播磨の地域勢力ではなく、吉備が立ち現れる場合があったことを示している。

五世紀の吉備は、東に隣接する播磨に広範な権益を有し、かつ播磨を代表して中央支配勢力と対峙する存在であったといえる。このことは播磨の地域勢力の存在を否定するものではもちろんないが、彼らもまた、吉備の勢力下に位置づけられる場合があったことを示しているのである。その政治的関係が大きく転換するのが五世紀後半であった。雄略逝去をきっかけとして勃発した星川王の乱での敗北により、吉備もまた葛城と同様にそれまでの地位を失い、衰退に向かったのである。

紀伊の反乱伝承

紀伊の場合はどうであろうか。神武天皇のような実在の定かではない天皇の時代を除き、紀伊の勢力が反乱を起こした伝承はみられない。この点は、葛城、吉備とは異なるように思われる。しかし『古事記』、『日本書紀』に雄略天皇の時とされる根使主《ねのおみ》の伝承は、紀伊勢力の反乱伝承といえるだけの内実をそなえている。『日本書紀』の伝承は、坂本臣の祖とされる根使主が、安康天皇の時に大日下王を讒言して死に追いやるが、雄略天皇の時にそれが露見し、和泉南部の日根野を拠点として戦った結果敗死する、というものである。

坂本臣は和泉を拠点とする豪族だが、『新撰姓氏録』には紀朝臣と同族とあり、紀伊勢力の一部を構成する勢力であることがわかる。対外関係とかかわる場面で登場することが多いのも、紀伊勢力と共通する。この伝承に事実を伝えるところがあるならば、五世紀後半で紀伊勢力もまた倭王により弾圧を受けていたことになる。

根使主の伝承は複雑な構成をとる。前半では、安康が弟の雄略と仁徳の子の大日下王の妹、若日下女王の婚姻を求め、大日下王はそれを承諾する。しかし使者となった根使主が礼物の豪華な冠（押木珠縵《おしきのたまかずら》という）を隠匿し、さらに大日下王の叛意を讒言したため、大日下王は罪なくして殺害される、というものである。ここまでの内容は『古事記』、『日本書紀』に共通する。『日本書紀』にはさらに、大日下王の死に臨んで、王に仕える難波吉師《なにわのきし》（吉士ともいう）、日香蚊《ひかか》父子が殉死を遂げるという独自の要素が付け加えられている。この部分は、難波吉士氏の功業として伝えられた物語が採用されたことがうかがえる。根使主の悪行は日香蚊父子の忠烈ぶりの引き立て役にすぎず、事実かどうかはわからない。

ただし『日本書紀』に続いて記される伝承の後半では、日根野で殺害された根使主の子孫が二分され、一つは大草香（日下）部の民として皇后（若日下女王）の隷属民となり、もう一つは茅渟県主《ちぬのあがたぬし》の隷属民（負嚢者《ふくろかつぎびと》）となったと記される。茅渟県主は、和泉地域を拠点とする小豪族である。つまりここでは、おそらくは和泉にいたであろう大草香部の民と茅渟県主の隷属民が、かつては根使主の子孫だったことが記されている。これは根使主とその一族について、直接に語られた部分である。さらに、『日本書紀』はこの物語の結末を、「根使主の後の坂本臣となること、これより始まれり」と記す。つまり根使主の物語の後半は、根使主の反逆伝承を通じて、その後裔である坂本臣が天皇に奉仕する由来を語っているのである。

第二章でも述べたことだが、祖先が弾圧される伝承が奉仕の由来として語られるというのは理解しがたいことのように思われる。しかし『日本書紀』が成立した奈良時代の天皇や貴族にとって、はるか昔のできごととされる反逆伝承は、天皇に対する服属・奉仕の起源という以上の意味は持っていなかった可能性が高い。むしろこうした伝承群の全体を通じて、天皇が氏族たちを支配下に置いてゆく過程を語るところに史書の意味が求められていたと思われる。反逆という契機よりも、その結果として天皇の支配下に入るという、奈良時代の「現在」につながる契機の方が重要な意味を持つものとみなされていたのであろう。いずれにしても、こうした過去の物語として位置づけられた部分に、歴史的事実が反映されている可能性は高い。

葛城、吉備、紀伊の各勢力は海人集団と密接な関係を持ち、技術者の招致など、朝鮮半島諸国と積極的に通交を行うなどの共通点を持っていた。通交の具体的内容には、鉄の調達も含まれていたと思われる。また彼らの本来的な拠点とは別に、五世紀前半には大阪湾岸にも拠点が成立し、相互に緊密な関係を築いていた。海人集団と共に周縁王族の支持勢力として、葛城、吉備、紀伊の三者を位置づけることができる。それにとどまらず、葛城勢力からは王を名乗る人物も出ており、葛城勢力自身が周縁王族を構成していたことが明らかである。

その彼らが五世紀後半に一斉に弾圧されることは、それまでまがりなりにも維持されてきた中枢王族と周縁王族の均衡関係がこの段階で崩れたことを意味する。安康、雄略ら允恭系王統に属する倭王は、仁徳系王統の王族たちをくり返し殺害しているが、仁徳や履中らとの婚姻関係からすれば、葛城勢力が允恭系王統よりも仁徳系王統と比較的親密な関係にあったことは明らかである。雄略朝前後に葛城、吉備、紀伊勢力が弾圧されることの原因として、仁徳系王統と周縁王族を討伐することで政権の主導権を握ろうとする、允恭系王統の一連の動向が存在したのではないだろうか。雄略とその兄、安康の時に、仁徳の子、大日下王、履中の子、市辺押磐王が相次いで殺害され、その結果として、安康は大日下王の遺児、眉輪王に殺害され、雄略が眉輪王を殺害するという、文字どおり血で血を洗う争いが二つの王統の間でくり返される。五世紀後半という時代は、五世紀前半以来の、複数の中枢王族とそれを取り巻く周縁王族、及び豪族たちという王権のゆるやかな連合関係が激変を遂げる画期なのである。

4　政権の不安定性の要因

五世紀の王族と豪族

この章ではこれまで、五世紀の周縁王族とその支持勢力について検討してきた。第二章で明らかになった、周縁王族とそれを支持する大阪湾岸の海人集団に加え、葛城、吉備、紀伊の各勢力がやはり大阪湾岸を拠点として一つの政治的連合体を構成していたこと、その連合体の中から葛城出自の王も出ていたことが確認できたと思う。

このように、五世紀には王族と豪族の境界があいまいであり、葛城のように別格に有力な豪族の場合、王を称する人物を出すこともできた点に特徴があった。もちろん、五世紀の倭王が他の王族や豪族に比べて強大な力を持っていたことは明らかであるし、豪族が王族を凌駕することも通常は困難だったにちがいない。葛城の勢力にしても、彼らが倭王との間に婚姻関係を結んでいたこと――仁徳、履中、それに市辺押磐王の三代にわたって葛城出自の女性が后妃となっていた――が王族を名乗る上での条件となっていた可能性は否定できない。

しかし一方で、王が王であることの条件として、王に臣従する人びとをまとめ上げるための特殊な力の保持——政権の正当性を支えるための公共性を担保する能力と言い換えてもよいだろう——を挙げることが適切であるならば、朝鮮半島渡来の先進文物や人びとを差配することを通じて外交能力を発揮した葛城の勢力が王を称してもおかしくないことになる。五世紀の王族は血縁や地縁で強固に団結した集団ではなく、王族であることを主張するうえで必要な公共的機能を果たしていることをほかから認められた存在という、後の時代からみればゆるやかな紐帯によって結ばれた存在であったと考える。

五世紀段階の倭王は、こうしたゆるやかな紐帯の頂点に立つ存在であった。前方後円墳の造営や葬送儀礼の挙行を通じて、その権威はたしかに抜きん出た存在であったし、雄略天皇に典型的に現れるように、その軍事力がほかを圧していたことも間違いない。しかしそうしたむき出しの暴力を支える制度的な権力が、この段階にはまだ存在していなかった。その意味で倭王の地位はまだ、ほかの王族から隔絶したものにはなっていなかったといえる。五世紀の倭王は、いまだ同輩中の第一人者——プリムス・インテル・パーレス——の段階にあった。

葛城をめぐる従来の説

このような、王族と豪族のあいまいな境界の接点に位置したのが、葛城勢力であった。したがって葛城勢力に注目することで、五世紀の政権特有のあり方を明らかにすることができる。これまでにこのことに着目した研究がなかったわけではない。古代史家の直木孝次郎は、五世紀中葉に成立した第二次ヤマト政権は、大王家と葛城氏による両頭政権であったと評価している。第二次ヤマト政権とは、直木が構想する河内政権論（河内王権論、河内王朝論ともいう）にもとづくもので、当初奈良盆地で成立したヤマト政権に対して、四世紀以降河内を拠点とする応神、仁徳らの河内政権が誕生して覇権を奪い、それにさらに、勢力を拡大した第二次ヤマト政権が取って代わったとするものである（直木孝次郎『古代河内政権の研究』）。

河内政権論はその後、王陵の所在地を王族の拠点と考える考古学者たちによって継承され、独自の展開を遂げるのだが（白石太一郎「畿内における大型古墳群の消長」、福永伸哉「対半島交渉から見た古墳時代倭政権の性格」）、本書で検討した王宮の所在地にもとづく限り、五・六世紀の王族の拠点が一貫して奈良盆地にあったことは明らかである。文献史学からは河内政権論に対する厳しい批判があり（熊谷公男『大王から天皇へ』）、考古学からも百舌鳥・古市古墳群の被葬者を大和から分派した人びとと考える説があらわれるなど（清家章『埋葬からみた古墳時代』）、河内政権論はそのままの形では成り立たない。ただ『古事記』、『日本書紀』の伝承の中で葛城勢力が天皇によって統括されない地位にあることは確かであり、直木がそのことを鋭く指摘したことの意義は大きい。

一方、神道史家の西田長男は、『古事記』におけるアヂスキタカヒコネ神の天皇の祖先神と並ぶ位置づけや一言主大神の伝承などから、大和王朝に対立する葛城王朝が存在した可能性を指摘している（西田長男「『神社』という語の起源そのほか」）。倭王の王統の中での政権交代を想定し、いずれにおいても葛城氏が重要な役割を果たしたとする直木と、倭王と葛城勢力の対立関係を想定する西田の論には、同一には論じられない違いもある。しかしこの章で述べてきたように、五世紀以前の倭国の政権の中で、葛城勢力は中枢王族と姻戚関係を結んだり、周縁王族の支持勢力であったり、時には周縁王族そのものであったりすることによって、中枢王族と共に中心的な役割を果たしてきた。この立場からみれば、直木、西田の論にはいまだ学ぶべき点が多い。

しかしこれまでの倭国の形成過程を論じた研究では、こうした論点はかならずしも重視されてこなかった。葛城勢力が強大な権力を持っていたことについてはくり返し指摘されてきた。しかしそのことが五世紀の歴史過程の中ではたした役割については十分な議論がなかった。

周縁王族衰退の原因

問題は、葛城勢力を含む周縁王族、またその支持基盤であった葛城、吉備、紀伊の政治連合が、なぜ五世紀後半に至って衰退し、消滅するに至ったのかを一体的に検討することで明らかにされる必要があるだろう。そのことの根本的な原因は、彼らが王であるための主張を行ううえでもっとも重要な根拠とされてきた、朝鮮半島諸国と倭国との関係が、この時期に激変するところにあると思われる。また周縁王族たちの衰退を論じるだけでは不十分で、中枢王族がその後どのような展開を遂げるのか、その過程もまた論じる必要がある。だがこうした問題を論じる前に、どうしても見ておかなくてはならない別の問題がある。それは、この段階の王族、豪族たちが、列島の地域社会の人びととどのような関係を結んでいたのかという問題である。この点を二章にわたって検討した後に、あらためて王族と豪族の関係の問題に向き合いたい。

第四章　中央支配権力と地域社会——瀬戸内沿岸を中心に

1　瀬戸内海沿岸地域の重要性

地域社会をなぜ取り上げる必要があるのか

ここまで、倭国の成り立ちを考えるために検討してきたのは、王宮と王族のあり方であり、また周縁王族とその支持基盤という、五世紀以降にはみられなくなる特殊な存在についてだった。これらはいずれも奈良盆地や京都盆地、また大阪湾岸という当時の政治的中心に属することがらであり、倭国の特徴を検討するためには当然ながら考えるべき対象である。ただ国家の問題を考える場合、その国家を成り立たせている社会のあり方と支配権力の関係を明らかにすることはやはり必須の課題である。

こうした関心のもち方は、古代史研究者の間でかならずしも共有されているわけではない。社会のあり方そのものを直接対象とする研究は、かつて国家の経済的土台としての社会構造の解明を重視したマルクス、エンゲルスの影響を受けた史的唯物論が隆盛した頃には研究の王道といってもよい位置を占めていたが、ソ連・東欧の社会主義諸国の崩壊を境に、そうした研究も潮が引くように勢いを失ってしまった。また現在では、マルクス、エンゲルスらが依拠した成果に誤りが多く含まれていることも明らかにされている。しかし個々の人間、または人間集団同士を結びつける基盤である地域社会のあり方を検討することは、イデオロギーの問題とは無関係に歴史学研究の基本的な課題の一つであるはずである。一九世紀に作られた古典学説に誤りのあることは当然である。このことは逆に、今日の研究成果と問題意識に根ざした、新たな地域社会論が必要であることを示している。

これまでにみてきたところでは、五世紀の支配権力を構成する倭王と王族、豪族たちはそれぞれに自立性が高く、相互の結びつきはゆるやかなものであったと考えられる。とすれば、そのような権力による地域支配とはどのようなものであったのかが、明らかにされる必要がある。ところが今みたような事情もあり、五世紀の地域支配と社会のあり方に関する研究はほとんど進んでいない。

考古学の側では、河内を中心に作られる、王陵級の前方後円墳の巨大化や武器・武具類の副葬の充実などから、倭王の支配権力が強化されたことが指摘されている。しかしこれまで述べてきたように、墳墓の築造と葬送儀礼の形式の共有はゆるやかな同盟関係の存在を示すものとみるべきで、そこから権力の専制化という現象を直接に導き出すことはむずかしい。また地域社会の側からみれば、地域の盟主的古墳を造営する勢力はそれが結びついた中央権力の変動にともなって地域の中で移動する事例があり（第二章）、この段階の中央権力と地域社会の関係はかならずしも固定的ではなかった。文献史料にも多くの制約があることは事実だが、倭王の専制化を前提とせず、あらためて地域社会と中央権力の関係の問題に向き合う必要がある。

先進地域としての瀬戸内海沿岸

一言に社会と権力の関係といっても、それを検討するには具体的な対象地域の設定と検討の方法を決めておく必要がある。ここで対象とするのは、大阪湾岸から北部九州に至る、広い意味での瀬戸内海沿岸地域である。この地は、近畿地方を本拠とする中央の支配権力が、中国や朝鮮半島諸国と交渉を行う際にかならず通過する地域である。葛城、吉備、紀伊などの勢力によってもたらされる鉄をはじめとする先進の文物に、これらの地域の人びとは早くから触れる機会があった。これらの先進技術と文化を手に入れることは、その勢力の威信を高めるだけではない。後世とは生産の条件がまったく異なるこの段階にあって、先進技術・文化の入手は、生産の維持と拡大のためには不可欠だった。

地域社会の人びとは、北部九州など一部の例外を除けばまだ独自に朝鮮半島諸国と交渉できるだけの手段を持っていなかったと思われる。そのためにも、支配権力との接触が課題となっていたであろうと想定できる。そこで、中央の支配権力や他地域の勢力、また朝鮮半島からの渡来系集団など、多様な勢力が結節される場である、港津とその周辺地域の役割に注目したい。瀬戸内海沿岸地域には、播磨の飾磨津《しかまのつ》(現兵庫県姫路《ひめじ》市)、周防《すおう》の佐波津《さばのつ》(現山口県防府《ほうふ》市)など、こうした諸勢力が集中する港津がいくつか知られる。そこでの諸勢力の結集と周辺地域への展開のあり方を分析することが、五世紀にさかのぼる支配権力と地域社会の関係を考える有力な手がかりとなるだろう。

葛城、吉備、紀伊勢力と渡来系集団

その際、支配権力の側で重視したいのが、葛城、吉備、紀伊の諸勢力である。これらの勢力は、第三章でみたように、基本的には五世紀後半に雄略ら允恭系の王族によって弾圧されて衰退するので、六世紀以降、独自に勢力を大きく伸ばしたとは考えにくい。もちろん例外的な事例がないわけではないが、それも五世紀以来の活動を前提としたものと評価できる。五世紀には、歴代の倭王もまた、奉仕集団(名代・子代)の設定という形で地域社会に勢力を拡大していた。しかし倭王の奉仕集団はその名を受け継いだ王族のために、その後も継続して設定された可能性が高い。地域社会の中で見出される名代・子代が、どの段階で設定されたのかがはっきりしない事例が多いのである。ここではそうした事例は除外して考えることにしたい。

葛城、吉備、紀伊の諸勢力と連動して重視したいのが、五世紀に渡来した可能性の高い渡来系集団である。朝鮮半島からの人びとの渡来は弥生時代以来の長期にわたる現象だが、その中でも、後に述べるように五世紀代に渡来した可能性の高い人びとの活動を検討したい。彼らが先に挙げた拠点的な港津とその周辺地域にどのように定着していったかをみることは、彼らを配置した中央の支配権力と地域社会の関係を考えるための、またとない検討材料といえるだろう。

2　播磨の飾磨津

多様な人びとの移住

瀬戸内海沿岸地域の東部、播磨西部の飾磨郡は、奈良時代には国府と国分寺、国分尼寺が置かれるなど、古代播磨の政治的中心であった。山陽道と飾磨津という港津が接する水陸交通の要衝《ようしょう》として、前近代を通じて重要な役割を果たした地域でもある。飾磨の地が奈良時代以前から、倭国内外の外部勢力と深く関わっていたことを示すのが、『播磨国風土記』の記事である。以下、おもに『播磨国風土記』の記事を検討することで、飾磨地域の内外の諸勢力の交流を考えてみたい。

『播磨国風土記』の飾磨郡内の記事は、里の名以下、全部で三六の地名起源譚を収録す

飾磨津の周辺（地名の比定、海岸線は一部推定を含む。ひなたGISを利用。川だけ地形地図＋戦前期５万分の１地形図）

る。それらのうち、植生や地形、地域の神格など、確実に地域に起源をもつ事物にちなんだとされる地名は、六例にとどまる（菅生里《すがうのさと》、英賀里《あがのさと》、枚《ひら》野里《ののさと》、同里筥丘《はこおか》、大野里《おおののさと》、同里砥《と》堀《ほり》）。ほかの事例は、渡来の人びとや外来の人びと、または外来の神格など、何らかの形で地域の外部からやってきた存在にちなんでいる。たとえば漢部里《あやべのさと》は讃岐《さぬき》国（現香川県）から移ってきた渡来系集団、漢人にちなむとされ、美濃里は讃岐国弥濃郡《みのぐん》の人の移住にちなみ、同じ里の継潮《つぎのみなと》は、昔、この国に一人の瀕死の女性がいたところ、筑紫国の火君《ひのきみ》らの祖がやってきて蘇生させ、妻とした。それにちなんで（蘇生させる＝息を継ぐ）継潮と名づけたという。

このような、播磨の外部から到来したとされる人びとの地域は、直接に国名を記すものだけでも隠岐《おき》、出雲、伯耆《ほうき》、因幡《いなば》、讃岐、伊予、但馬《たじま》、筑紫（筑前、筑後）、豊国《とよのくに》（豊前、豊後）、上野《かみつけぬ》と、上野を除けばいずれも西日本の広域にわたっている。『播磨国風土記』は、現存するほかの国の風土記に比べて外来者の伝承が多いことで知られるが、飾磨郡はその中でも抜きん出て多い。飾磨の地が、瀬戸内海沿岸地域だけでなく、日本海側も含めた多くの地域勢力が到来する結節点であることが、これらの地名起源譚に示されている。先にみた、飾磨地域の水陸交通の要衝としての重要性、播磨における政治的重要性がその理由であることは明らかであろう。

渡来系集団に関わる地名起源譚として、先にみた讃岐から到来した漢人のほか、伊和里《いわのさと》手苅丘《てかりおか》は、韓人《からひと》がやってきて手で稲を刈ったとの伝承があり、韓室里《からむろのさと》は韓室首《おびと》宝《たから》、巨《こ》智里《ちのさと》は巨智という百済系の渡来氏族、枚野里新良訓《しらくに》村は新羅の人の到来にちなむとされる。このほか、少川里《おがわのさと》には田又利君《たたりのきみ》が居住し、巨智里草上村《くさがみむら》には韓人という渡来系集団がいたことが記される。

田又利君が多々良公に等しいことは、『新撰姓氏録』にみえる多々良公の条に、その出自が任那（加耶）であることを記し、さらに彼らが「金の多々利《たたり》、金の乎居等《おけ》」を献じたことにより多々良公の名を賜ったとされることから確認できる（山城国諸蕃）。タタリとオケは共に機織りに用いられる道具なので、田又利君＝多々良公は、紡織に関する高い技術をもっていたことを誇った名称なのだろう。その多々良公が分布するのは、先にみた播磨の飾磨郡、山背国のほかは、周防国に限られる。

韓人（辛人とも）は山背南部の筒木《つづき》（綴喜郡）にいたことが『古事記』にみえ（仁徳天皇段）、ほかに摂津、尾張、美濃、遠江《とおとうみ》、また出雲と分散的に分布する。一方、播磨、備中、周防という瀬戸内海沿岸部にも分布し、とりわけ播磨に集中的に分布する。播磨では、飾磨郡伊和里、韓室里、巨智里のほか（『播磨国風土記』同郡条）、揖保郡浦上里《いいぼぐんうらがみのさと》条の伝承にみえ（『播磨国風土記』同里条）、平城宮跡から出土した木簡によって、神崎郡に居住していたことも確認できる。

品太天皇巡行伝承

これらの渡来系集団が、みずからの意志によってのみ飾磨の地に定着したとは考えがたい。播磨の中でも重要な地域である飾磨の地に有力な先住者たちがいたことは確実であるし（針間《はりま》国造の地位にあったとみられる佐伯直氏の拠点の一つは、すくなくとも奈良時代には、新羅人の渡来が記される新良訓の地にあった)、これらの渡来系集団が開発のための高度な技術をもっていたことを考えると、彼らをどこに定着させるかについては、中央の支配権力の意志が働いたと考えるのが自然だろう。ただそれがこれまで考えられてきたような倭王を中心とする支配勢力一般なのか、前章までに検討した周縁的な王族を中心とする勢力なのか、そのあたりを慎重に見定める必要がある。

ここで注目されるのが、品太天皇《ほむたのすめらみこと》と呼ばれる存在にちなむ地名起源譚である。『播磨国風土記』の中で、品太天皇の伝承は広範に分布し、飾磨郡内では九例にのぼる。その伝承では、たとえば品太天皇が土地の神(地祇《くにつかみ》)に幣帛《へいはく》を奉ったことにちなんで幣丘《みてぐらおか》の名がつけられたとしたり(賀野里《かやのさと》条幣丘)、大立丘《おおたちおか》の名が国見をしたことにちなむとしたり(巨智里条大立丘)、または狩りをした際に逃げた馬にちなんで我馬野《あがまの》などの地名がつけられたりしたとするもので(少川里条英馬野《あがまの》ほか)、これらはいずれもその地の支配者が行うべき国占《くにし》めという行為に含まれる。『播磨国風土記』の品太天皇伝承は、品太天皇が中央の支配権力を象徴する存在として、播磨を服属させていることをあらわしていると考えられる。

品太天皇と飾磨の地域勢力との関係をもっともよくあらわすのが、安相里《あさこのさと》の地名起源譚である。品太天皇が但馬から巡行してきた時、途中、御削《みさや》(冠とも刀の鞘ともいわれる)を着用することがなく（原文は「御削を徴《め》したまはざりき」とする）、それによって国造豊忍別命《とよおしわけのみこと》は臣下の地位を追われたが（原文は「名を剝《はぎと》られき」とする。日本古典文学大系による）、但馬国造阿胡尼命《あこねのみこと》の取りなしによって復権できた。そこで豊忍別命は品太天皇に「塩代田《しおしろのたはた》二十千代《ちしろ》」を献上して贖罪した。その地は、但馬の朝来《あさこ》の人がやってきて耕作した。そこでこの地をアサコ（安相）と呼ぶようになった、というものである。

ここには六世紀になって制度化される国造の語がみえるが、ミコトという半神半人的称号が用いられていることからすれば、国造の先祖というほどの意味で、実際に国造制が行われた段階の話というわけではないだろう。つまりここでは、播磨国造の祖と考えられていた豊忍別命に象徴される播磨勢力が品太天皇と称される中央の支配権力に服属し、その証として広大な田地が奪われたことが伝承されているのである。塩は朝廷に貢納される租税の代表的な産物だから、ここではそれが服属の象徴であることが示されているといえる。

阿胡尼命が飾磨の地に但馬から到来したという伝承が定着していたことは、その墓が同郡英保村《あぼむら》にあるとする伝承があることからもうかがえる（安相里条）。但馬の国造が飾磨の田地を耕作したという話はほかの伝承にもみえるので（飾磨御宅《しかまのみやけ》条）、国造制が定着する以前、つまり五世紀の段階で、播磨勢力の中央への服属とその証明としての田地の献上、その耕作者としての但馬の人の到来があったことは、認めてよいものと考える。

　では品太天皇とは誰をさすのか。通説では、「ホムタ」が応神天皇の名、「ホムタワケ（誉田別などと表記）」に通じることから、応神天皇と理解されてきた。少なくとも品太天皇の伝承が『播磨国風土記』に採録された段階で、応神天皇と同一視されていたことは認める必要がある。しかしそのことと、伝承が作られた当初からそうであったかは、別に考える必要があるだろう。景行天皇の子として熊襲《くまそ》、隼人《はやと》の平定に功績を挙げたとされる日本《やまと》武尊《たけるのみこと》について、『常陸国風土記』は「倭武天皇《やまとたけるのすめらみこと》」と記す。『播磨国風土記』にも、仁徳天皇の弟で実際には即位していないと思われる菟道稚郎子《うじのわきいらつこ》を「宇治天皇」と記した事例がある（揖保郡大家里《おおやけのさと》条）。風土記では、実際には天皇ではない人物が天皇と記される可能性があったわけである。

　あらためて、『播磨国風土記』にみえる品太天皇についてみると、賀毛《かも》郡上鴨里《かみかものさと》条に、品太天皇に随行してこの地に到来したとされる、当麻品遅部君前玉《たぎまのほむちべのきみさきたま》という人物がみえることが注目される。『播磨国風土記』によると、上鴨里はもと下鴨里と合わせて鴨里であったが、その名の由来は、品太天皇がこの地を巡行した際、鴨がいたことにちなむという。その鳥が鴨であることを天皇に報告したのが、侍従、当麻品遅部君前玉であった。侍従はこの場合、天皇の身近に仕える人というほどの意味であろう。当麻は大和国葛下郡の当麻郷をさす。葛下郡といえば、第三章でみたように、ホムチワケ王の拠点、品治郷が含まれる地である。つまり品太天皇の近くに仕える前玉は、ホムチワケ王ときわめて近い存在である。あわせて、賀毛郡修布《すふ》（条布）里には品遅部村があり、それは品遅部らの遠祖である前玉が、品太天皇からこの地を賜与されたことによってこの名がついたとする伝承がみえる（『播磨国風土記』同里品遅部村）。品太天皇とホムチ部が直接関わることが明らかになったといえる。さらに、ここではカモの地名が鴨の飛来にちなむとされているが、これはすでに存在した地名を説明するための造作であり、本来、大和の葛上郡上鳧・下鳧郷を拠点とする葛城勢力がこの地を支配したことによる地名であろう。

『播磨国風土記』には、品太天皇が土地を賜与したという伝承が、もう一例みえる。神《かむ》前《さき》郡多駝《ただの》里《さと》条の地名起源譚で、品太天皇の大御伴人《おおみともひと》で佐伯部らの始祖、阿俄能胡《あがのこ》がこの地の領有を望んだため、天皇が「直接、はっきりと頼んできたものだなあ」（直《ただ》に請いつるかも）と述べたことでこの名がついたという。大御伴人とは天皇の随伴者というほどの意味で、前玉が侍従と記されるのと同じ意味合いだろう。第三章第二節でみたように、阿我能胡はホムチ部及び葛城勢力との関係が密接な人物である。

これらの事例は、『播磨国風土記』の品太天皇伝承と葛城勢力の密接な関係を示している。これまで、この点に注意が払われたことはないが、以上の検討からすれば、品太天皇の原形が、葛城勢力出自の王、ホムチワケ王にあることをあらわすものと理解すべきである。つまり『播磨国風土記』の品太天皇伝承とは通説のように応神天皇と捉えるべきではなく、葛城勢力による播磨地域の掌握の過程を反映していると考える必要があるのである。

葛城勢力と渡来系集団

このことは、飾磨郡における渡来系集団の配置に際しても、葛城勢力が重要な役割を担っていた可能性を示唆する。具体的にみるならば、先にみた漢部里の由来となった漢人は、讃岐国から到来したとされるが、漢部里には品太天皇の巡行伝承があり、讃岐には葛木、忍海など葛城氏とその同族が居住していた（寛弘元〈一〇〇四〉年讃岐国大内郡入野郷戸籍）。漢人を招いたのが葛城勢力の祖、襲津彦とする伝承が存在することを考え合わせるならば（第三章第一節）、讃岐から播磨への漢人の移住に、葛城勢力が関与した可能性は高いだろう。

飾磨郡の周囲に目を向けると、西に接する揖保郡では、『播磨国風土記』に、桑原《くわはら》里に桑原村主《くわはらのすぐり》が居住していたとする伝承がある（揖保郡桑原里条）。桑原村主こそ、襲津彦によって招かれ、大和国葛上郡桑原郷に居住した漢人の祖と伝えられる人びとである（『日本書紀』神功皇后摂政五年三月己酉条)。さらに、同郡林田《はやしだ》里にも、衣縫《きぬぬい》と漢人の祖が渡来したとする開発起源伝承がみえる(『播磨国風土記』揖保郡林田里条)。平城宮跡出土の木簡によれば、林田里には、葛城のカモの神、つまりアヂスキタカヒコネ神をはじめとする葛城の神を祭る鴨部も定着していた。西播磨の地に渡来系集団を配置するにあたって、葛城勢力が主導力を発揮していたことがうかがえる。

吉備と紀伊の関与

ただし飾磨を含む西播磨地域に影響を及ぼしたのは、葛城勢力だけではない。吉備と紀伊の各勢力の影響もまた、無視できないものがあった。紀伊について、『播磨国風土記』には、飾磨郡因達里《いだてのさと》の名は息長帯比売命《おきながたらしひめ》(神功皇后)が「韓国《からくに》」に渡った際、船の御前にあった伊太代《いだて》の神にちなむとする。このイダテ神は、紀伊国名草郡に鎮座し、紀氏の祭ることが特記される「船玉の神」、伊達神にほかならない(第三章第一節)。

播磨国には、飾磨郡のほかに揖保郡にも式内中臣《なかとみの》印達《いだて》神社がある。紀伊勢力が、飾磨をはじめとする西播磨の地に直接に勢力を及ぼしていることがわかる。揖保郡大田《おおた》里は、紀伊国名草《なくさ》郡大田村に渡来した呉勝《くれのすぐり》が、摂津国島上《しまかみ》郡大田村を経て移住したことにちなんで名づけられたという(『播磨国風土記』揖保郡大田里条)。摂津の大田村は淀川沿岸にあたるが、淀川の下流にあたる高瀬には、紀伊国の人、小玉《おたま》がいたとの伝承がある（第三章第一節）。紀伊勢力は、大阪湾岸から瀬戸内海沿岸地域にかけての広域に展開しており、その中で渡来系集団の配置にも主導権を発揮したのであろう。

吉備勢力が加古川以西の西播磨に影響力を行使していたことは先に述べた（第三章第三節）。よりくわしくみると、揖保郡林田里の旧名は談奈志《いわなし》といったが、吉備東部に磐梨郡《いわなしぐん》があり、そこを拠点とする石生別公《いわなしのわけのきみ》（後の和気《わけ》氏）のあることが注目される。播磨国賀古郡には、同じく吉備東部を拠点とする上道氏の一族の居住が確認できるので（『続日本紀』天平神護元〈七六五〉年五月庚戌条）、吉備の勢力が播磨に及ぼした影響の大きかったことをうかがうことができる。吉備勢力が飾磨に拠点を置いたり、渡来系集団の配置に関わったことを直接示す史料はない。しかしこのように播磨に支配力を発揮した吉備勢力が、渡来系集団にのみ関与しなかったとは考えがたい。前段でみたように、林田里には吉備だけでなく葛城の勢力も到来しており、この地への衣縫、漢人らの渡来系集団の移住を主導したと考えられる。

しかし一方、吉備上道臣田狭《きびのかみつみちのおみたさ》の子、弟君が連れ帰ったとされる渡来系集団として、漢手人部、衣縫部、宍人部を挙げる史料があり（『日本書紀』雄略天皇七年是歳条の或本）、吉備勢力が漢人と衣縫部の配置に関わった可能性は高いと思われる。弟君らと共に到来した渡来人たちは大阪湾岸に配置されたとされるから、吉備集団もまた、大阪湾岸から瀬戸内海沿岸地域に至る渡来系集団の配置に積極的な役割を果たしたものと思われる。日本海沿岸から四国をも含む東部瀬戸内海地域の結節点であった飾磨とその周辺地域の開発を担ったのは、葛城、吉備、紀伊の諸勢力によって配置された渡来系集団であったといえる。

3 周防の佐波津

対外交通への窓口

多々良公と韓人が特徴的な分布を示すもう一つの地域が周防である。周防の韓人は佐波郡と吉敷《よしき》郡に分布するのだが、出雲の韓人が居住する出雲郡には辛人部と、佐波を拠点とする佐波臣《さばのおみのやから》族が共にみえる（天平一一〈七三九〉年出雲国大税賑給歴名帳《いずものくにたいぜいしんごうれきみょうちょう》）。周防の佐波と韓人との間に、強い結びつきのあったことがうかがえる。

周防の佐波郡には達良郷《たたらごう》があり、達良君も居住していた（周防国府跡出土木簡）。周防東部の玖珂《くが》郡にも多々良公がみえる（延喜八〈九〇八〉年周防国玖珂郡玖珂郷戸籍）。特に地名と氏族名の対応関係からすれば、佐波郡と多々良公の結びつきは強固であったと考えられる。

韓人と多々良公の事例からいえることは、このような特徴的な渡来系集団の配置をめぐって、瀬戸内東部の飾磨と西部の佐波が、よく似た関係にあるということである。飾磨と佐波に共通するのは、それぞれの地域における水陸交通の拠点としての性格である。飾磨については先にみた。佐波はどうであろうか。周防の場合、風土記が残されていないため、まとまった地誌的情報は得られない。それでも、佐波をめぐる古代史料は比較的恵まれているといってよいだろう。まず重要なことは、佐波の地が飾磨と同様、瀬戸内海における拠点的な港津の地として、各地の勢力を結節する役割を担っていたことである。推古天皇一一（六〇三）年、筑紫で逝去した来目皇子の殯《もがり》の儀礼が、佐波で行われている（『日本書紀』同年二月丙子条）。王族に対する殯の儀礼では、亡き王に対する服属・奉仕のさまが演じられたと思われる。王権にとって佐波の地は、そうした儀礼を行うにふさわしい場として認識されていたわけである。

　このような佐波の重要性の中心に位置するのが、佐波に存在した港津であった。『日本書紀』には娑婆水門《さばのみなと》の名がみえ、そこで「征新羅将軍」吉備臣尾代《きびのおみおしろ》に従っていた蝦夷《えみし》が反乱を起こし、尾代がそれを討伐したことが記される。尾代はさらに蝦夷を追跡し、丹波《たには》の浦掛水門《うらかけのみなと》（現京都府京丹後《きょうたんご》市久美浜町浦明に比定）で殲滅したという伝承を載せる（雄略天皇二三年八月丙子条）。

　この伝承は、たんに娑婆水門という港津の名称が記されるだけでなく、そこにどのような勢力が結集していたのかを考えるうえでも興味深い。吉備臣尾代の征新羅将軍という官職名は後世の造作である。蝦夷の残存勢力をいきなり日本海側の浦掛で討伐するのもあり得ない印象を受ける。しかし佐波を中心として捉えると、この伝承を一概に荒唐無稽と捨て去ることもできないように思われる。佐波との関係で吉備が直接あらわれるのはこの一度きりだが、景行天皇が南部九州の対立勢力である熊襲討伐のため筑紫に向かった際、周防の娑麼《さば》(佐波)で敵情偵察に派遣された臣下の一人に国前臣《くにさきのおみ》の祖、菟名手《うなて》があり(『日本書紀』景行天皇一二年九月戊辰条)、国前臣は吉備臣と同族関係にあることが注目される(『古事記』孝霊天皇段、「国造本紀」)。

国前臣は、豊後《ぶんご》の国東地域を拠点とする勢力である。景行天皇の熊襲征討伝承は後世の造作だが、すぐ後に示すように、佐波には北部九州の勢力が集結していることから、国前臣の伝承のみを除外することはむずかしい。吉備と国東の勢力は、佐波で結節されていると考えるべきだろう。国東のほか、吉備の勢力は九州の要地の勢力と結びついていた。瀬戸内海と豊前《ぶぜん》、豊後を結ぶ豊前側の要衝、北九州市長野A遺跡からは、「吉備」と記した墨書土器が三点、ほかにも吉備を示すらしい「吉」と記された墨書土器などが出土しており、この地に吉備の勢力が存在したことをうかがわせる。

対外交通の窓口というべき玄界灘に面する筑前国志摩《しま》郡には、吉備部という氏族がいた

古代の瀬戸内海西部と北部九州（ひなたGISより。川だけ地形地図＋戦前期５万分の１地形図）

（大宝二〈七〇二〉年筑前国嶋郡川辺里戸籍）。さらに、吉備氏は肥後《ひご》国の葦北《あしきた》国造と同族関係にあったことが「国造本紀」に記される。葦北国造の地位にあった阿利斯登《ありしと》の子、達率日羅《だちそちにちら》が百済の宮廷に仕えたように、有明海に面する葦北の地は朝鮮半島と密接な関係を有していたが、その日羅を倭の宮廷に迎えるため、敏達天皇一二（五八三）年に百済に派遣されたのが吉備海部直羽島《きびのあまのあたいはしま》と紀国造押勝《きのくにのみやつこおしかつ》であった。葦北の地域勢力と吉備、それに紀伊を含む勢力との強い結びつきを確認できる。国東には朝鮮半島の加耶地域（大加羅）から渡来した比売語曽《ひめこそ》の神の伝承があり（『日本書紀』垂仁天皇二年是歳条分注）、吉備の九州の諸勢力との関係が朝鮮半島との通交を前提としたものであることは明らかだろう。

一方で日羅は、刑部靫部《おさかべのゆきべ》の名も有している。これは大和の王宮、忍坂宮に奉仕する武人としての呼称である。葦北の地域勢力が吉備や紀伊の勢力、また倭王を中心とする中枢王族と関係を結んだ時期が問題となる。彼らが忍坂宮への奉仕を行うようになった後に吉備や紀伊などの大勢力との関係を持ったとは、にわかには考えがたい。中枢王族がこれらの大勢力を十分に統制できていたとすれば、そうしたことも可能だったかもしれないが、これまでにみてきたとおり、吉備や紀伊の自立性は相当に高く、中枢王族としては彼らがほかの地域勢力と連合関係を築くことには警戒せざるを得ない状況があったとみられる。

こうした推測があたっているとするならば、吉備や紀伊の勢力と葦北の地域勢力との連合関係は、五世紀には始まっていたと考えるべきだろう。佐波の地は、吉備や紀伊などの倭国の有力な勢力と九州地方の勢力との結節点としての役割を果たしていたと考えられる。

吉備のほかに紀伊の勢力が佐波の地と深く結びついていることも、こうした歴史的な経緯を踏まえてのことであろう。佐波の地名を名乗る勢力として佐婆部首《さばべのおびと》という氏族がある。平安時代はじめに讃岐国（現香川県）に居住していた佐婆部首は、祖先の紀田鳥宿禰《きのたとりのすくね》の孫、米多臣《めたのおみ》が讃岐に移住したと述べているので、紀伊系氏族との同族関係を主張していたことがわかる（『続日本紀』延暦一〇〈七九一〉年一二月丙申条）。紀伊との関係が讃岐の佐婆部首にとどまるものではなかったことは、周防の佐波に枳部《きべ》、坂本といった紀伊集団に関わる地名（字名）が残ることからも確認できる。

なお厳密に言うと、古代の「キ」には二種類の発音があり、「紀」と「枳」の音は異なるのだが（上代特殊仮名遣の甲類と乙類）、この地名を伝えるのが、すでに発音の区別がなくなっていた鎌倉時代の史料であることから（正治二〈一二〇〇〉年一一月「周防国阿弥陀寺田畠坪付」。『鎌倉遺文』一一六四号）、やはり紀伊との関係を考えてよいと思う。

第三章でみたように、『日本書紀』は、雄略天皇の時に紀小弓宿禰らにしたがって新羅討伐に派遣された小鹿火宿禰が「角国《つぬくに》」（後の周防国都濃郡）に住み、角臣《つぬおみ》と呼ばれるようになったとする話を載せる。この角の地を拠点とするのが都怒国造《つぬのくにのみやつこ》であるが、はじめての都怒国造とされるのは、田鳥足尼《たとりのすくね》という人物である（『鼇頭旧事紀《ごうとうくじき》』。「国造本紀」の伝本の一つとされる）。この人物と、先にみた佐婆部首の祖、紀田鳥が同一人物と考えられていたことは確実なので、角の地は当初、佐波を含んでいた可能性が高い。さらに、都怒国造は紀臣と同祖とされ、田鳥足尼は都怒足尼の子とされる（『鼇頭旧事紀』）。都怒足尼が、第三章でみた、朝鮮半島で活躍する紀小弓宿禰にあたることも確実である。佐波が紀伊の勢力ときわめて密接に結びついていたことがうかがえる。

　このように、吉備や紀伊といった倭国の有力な勢力は、佐波の地で佐波をはじめとする地域勢力と交渉していた可能性が高い。佐波が重要な位置を占めたのは、この地が四国を含む瀬戸内海沿岸地域、さらには吉備の場合に推測できるように、北部九州の地域勢力との交渉を行う拠点としての役割を担っていたからであろう。吉備や紀伊が朝鮮半島との外交で活躍したことからすれば、北部九州との関係の先には、いうまでもなく朝鮮半島諸国との通交が想定される。

　佐波と北部九州との関係で注目されるのは、仲哀天皇、神功皇后（息長帯比売）の新羅征伐に際して、筑紫の橿日宮《かしひのみや》に沙麼県主《さばのあがたぬし》の祖、内避高国避高松屋種《うつひこくにひこまつやたね》がおり、天皇に新羅討伐を勧める神託を伝える伝承があることである（『日本書紀』神功皇后摂政前紀仲哀天皇九年一二月辛亥条）。理解しにくいところもあるが、沙麼県主が佐波の地域勢力であることは確実である。伝承の舞台が筑紫の橿日であることからすれば、これは佐波の地域勢力が北部九州に存在したことを示す伝承といえる。

地域勢力の集結

沙麼県主が具体的にどのような氏族であったかは、よくわからない。県主と称される氏族は、一般的には地域の中小勢力であることが多いとされる。それにしたがうならば、注目されるのは北部九州をはじめとする九州の地域諸勢力が佐波をはじめとする周防に分布していることである。豊後の国前臣が佐波に到来していることは先にみた。『日本書紀』には神功皇后らの新羅征討の際、皇后ら一行の筑紫来着を知った岡県主《おかのあがたのぬし》の祖、熊鰐《わに》が「周芳《すおう》の沙麼浦《さばのうら》」に迎え、「魚塩《なしお》の地《ところ》」（魚や塩を採る水域）を献上した後、一行と共に岡《おかの》浦《うら》の水門に入ったことが記される（仲哀天皇八年正月壬午条）。

岡水門は現在の遠賀川《おんががわ》河口（福岡県遠賀郡芦屋町付近）の港津であり、遠賀川を通じて北部九州の内陸部と沿岸部を結ぶ要衝であった。この伝承では、神功皇后一行が岡水門に入ろうとした際にそれを妨害した神々の正体を見抜いたり、洞海《くきのうみ》（洞海湾《どうかいわん》）から岡水門に入ろうとした皇后の船が、引潮のため進まなくなったのを慰撫したりした熊鰐の活躍が描かれる。岡県主は、岡水門を掌握していた勢力とみられる。

熊鰐の伝承に続いて、『日本書紀』には伊覩県主《いとのあがたぬし》の祖、五十迹手《いとて》が、穴門《あなと》（長門《ながと》）の引島《ひくしま》（現山口県下関市彦島《ひこしま》）に皇后一行を迎えたことが記される。伊覩県主が筑前国怡土郡《いとぐん》を拠点とする勢力であることは間違いない。彼らは佐波に到来したとは記されないが、こうした伝承は北部九州と瀬戸内海西部の地域勢力が活発に交渉を行っていたことを示す。

さらに、佐波郡の東の玖珂郡に残る平安時代の戸籍には、同じ筑前国の早良《さわら》郡の地域勢力である早良氏や早良部氏などの名がみえる（延喜八〈九〇八〉年「周防国玖珂郡玖珂郷戸籍」）。平安時代の戸籍は、租税や力役の負担を避けるために女性や高齢者の比率が実際よりも多く記されたとされる。玖珂郷戸籍も、その傾向と無縁ではない。しかしそこに記された人びとの氏姓までも造作とみるのはかえってむずかしく、ある程度の実態が反映されているとみるべきだろう。早良氏らの拠点である筑前の早良は、怡土郡や志摩郡などと同様、朝鮮半島との交通の拠点であった。早良氏や伊覩県主らの動向は、佐波における瀬戸内西部と北部九州の地域勢力の結びつきと同じ性格のものといえるだろう。その意味で、佐波とその周辺地域の勢力の活動は密接な関係にあった。

佐波の人びとの移動

これまでに、佐波を中心とする吉備や紀伊などの大勢力の動向、また瀬戸内海西部や北部九州の地域勢力の動向を検討してきた。吉備や紀伊が佐波と結びつくのは、彼らの朝鮮半島諸国での外交活動と関わるものと考える。地域勢力の場合はどうか。そのことを考える手がかりは、決して多いわけではない。しかしたとえば長岡京跡出土の木簡に、「難波佐婆部」と記したものがある。先に佐婆部首が讃岐にいたことをみたが、佐婆部は難波にもいたことが確認できる。佐波の地域勢力は、北部九州から瀬戸内海西部だけではなく、瀬戸内海東端の大阪湾岸でも活動していたわけである。

この事例は、葛城や吉備、紀伊などの有力な勢力だけでなく、地域社会の中小といってよい勢力の中にも、大阪湾岸から北部九州を広域に移動する場合があったことを示している。こうした地域勢力の活動の原動力は、朝鮮半島との通交や渡来系集団との接触がもたらす外来の高度な技術、文化への希求があったと思われる。古代の生産力や技術力は低く、開発可能な土地は限定的で、平均寿命も八世紀の段階で三〇歳前後と、私たちにとっては想像を絶する過酷な社会であったことが明らかにされている。古代に生きた人びとにとっては、社会の再生産そのものが切実な課題であった。こうした社会にとって、従来とは段違いの開発を可能にする鉄製農工具などの調達は、文字どおりの死活問題であった。支配権力が求めた紡織品をはじめとする高級な製品の調達、生産と共に、社会を規定する生産力の問題が、根底には横たわっていたのである。

4　地域社会の自立性とその変容

五世紀から六世紀へ

瀬戸内海沿岸を舞台とするこのような各勢力の動きは、いつ頃のこととみればよいのだろうか。またそれは、どのような勢力との関係で可能となったのだろうか。吉備や紀伊のこの地域での活動が、朝鮮半島諸国との通交に関わるものであったことは先にみた。彼らによって日羅が百済から召喚されたのが敏達朝とされるように、その活動は六世紀にも継続する。伊予国越智《おち》郡を拠点とする越智直《おちのあたい》と紀氏が、「小治田朝廷御世《おはりだのみかどのみよ》」、つまり推古朝（五九三〜六二八）に婚姻関係を結んだと主張する史料もある（『続日本紀』延暦一〇〈七九一〉年一二月甲午条）。

しかし渡来系集団の招来や、鉄素材の調達をはじめとする交易活動の中心が、吉備や紀伊の勢力が大規模に弾圧を受ける以前の五世紀にあることは否定できないだろう。また彼らの活動が、葛城勢力と密接に結びついていたことも想定できる。葛城勢力が播磨に分布していたことは先に確認したが、佐波に分布していたことを直接示す史料は見あたらない。しかし佐波の氏族分布とよく似た傾向を示す玖珂郡には、葛木部や品治、忍海部といった葛城勢力が存在することを確認できる（延喜八〈九〇八〉年「周防国玖珂郡玖珂郷戸籍」）。また吉備勢力自身の拠点である瀬戸内海中央の要衝、備前国児島《こじま》郡には、鴨直や鴨部（平城宮跡出土木簡）、また式内鴨神社など、葛城鴨に関わる勢力が濃密に分布する。児島屯倉には百済から召喚された日羅を迎えるための施設が設けられるなど（『日本書紀』敏達天皇一二〈五八三〉年是歳条）、飾磨や佐波と共に重要な役割を果たした。そこに葛城勢力が分布することは、彼らが五世紀に衰退することを念頭に置くならば、やはり五世紀以前にさかのぼると考えざるを得ないだろう。

六世紀の瀬戸内海沿岸に展開する勢力として重要なのは、蘇我氏や物部氏などの勢力である。彼らは葛城、吉備、紀伊にくらべて、倭王により密着した形で権力を作り上げていった。六世紀には、倭王の支配拠点として各地にミヤケが設置される。吉備に、児島屯倉とも密接に関係する白猪屯倉《しらいのみやけ》が置かれた際には、異例なことに時の大臣、蘇我稲目《そがのいなめ》がみずから吉備に赴き、差配を行っている。また典型的には周防国玖珂郡玖珂郷の戸籍に物部氏が多くみられるように、瀬戸内海沿岸には物部氏とその同族が濃密に分布する。葛城をはじめとする有力な勢力が倭王とゆるやかな連合関係を結びつつ、なかば自立的に地域勢力と交渉を行っていた五世紀の段階と、倭王の権力がより直接的に展開するようになる六世紀とでは、地域社会との関係にも変化が生じていることに注意する必要がある。

北部九州の動向

こうした問題がもっとも顕在化するのが、朝鮮半島諸国との通交で直接的な窓口となる、北部九州であった。五世紀の筑後《ちくご》川流域には、葛城勢力の同族が濃密に分布する。筑後国生葉郡《いくはぐん》には、葛城氏同族の的氏にちなむ的邑《いくはのむら》がある（『日本書紀』景行天皇一八年八月条）。生葉郡内にある月岡古墳（福岡県うきは市）は五世紀前半の築造で、朝鮮半島系の副葬品が多く出土し、かつ近畿地方主要部の影響が強いとされる。筑後川河口部の肥前国三根《みね》郡には葛木郷があり、葛木一言主神社が鎮座した（『日本三代実録』貞観一五〈八七三〉年九月一六日戊寅条）。葛木郷の北の漢部郷《あやべごう》には、葛城氏同族の忍海漢人《おしぬみのあやひと》もいた（『肥前国風土記』三根郡漢部郷条）。筑後川流域に葛城勢力の拠点が集中して置かれたことがうかがえる。

忍海漢人や漢部郷の存在が示唆する渡来系集団、漢人は、本章第二節でもみたように、葛城勢力と強く結びつく勢力である。三根郡に近い基肄郡《きいぐん》は、奈良時代には西海道が通り、現在でも九州の各地をつなぐ交通の結節点である。その基肄郡の姫社郷《ひめこそごう》には、この地に荒ぶる神がいて人びとの往来を妨げていたのを、宗像郡の人、珂是古《かぜこ》を招いて祭らせたところ、妨害はおさまったという伝承がある（『肥前国風土記』基肄郡姫社郷条）。珂是古が神の心をはかるために飛ばした幡《はた》は当初、肥前国御原郡姫社の社に落ち、ふたたび舞い上がってこの地に落ちたので、神のいる場所を知ったという。さらに、珂是古の夢に機織の道具である臥機《くつびき》と絡垜《たたり》が現れたので、この神が女神であることがわかったとされる。

この女神を祭る人物が宗像郡から到来したことが注目される。宗像は、倭国の使者が外洋航海の安全を祈る宗像三神の鎮座する地である。珂是古は宗像の地域勢力を象徴する人物として伝えられたのだろう。宗像三神が女神とされていること、宗像郡内に式内織幡神社が鎮座することは、この女神が宗像の神であることを裏付ける。

つまりこの伝承は、玄界灘の対外交通に深く関わる宗像の地域勢力が、御原郡の地に勢力をもっていたことを示している。さらに、この神が正体を知らせるために示したのが機織の用具であるところが興味深い。特に絡垜は播磨の飾磨や周防の佐波の渡来系集団、多々良公との関係が容易に推定できるところである。『日本書紀』には、阿知使主《あちのおみ》らが呉《くれ》（この場合は朝鮮半島の加耶を指す）から連れ帰った工女《ぬいめ》を「胸形大神《むなかたのおおかみ》」が所望したという話がある（応神天皇四一年二月是月条）。阿知使主は漢人を統率する東漢《やまとのあや》氏の祖とされる人物なので、宗像にとどまった工女もまた、葛城勢力の招来した漢人集団の一部だった可能性がある。ヒメコソの神名自体、渡来系の神格と考えられる。

北部九州における葛城勢力の分布は、朝鮮半島での彼らの活動を支える前進基地としての役割を果たしたものと思われる。それは、支配拠点の設置という一方的な形ではなく、渡来系集団を通じて宗像の地域勢力の移動と結びつくような、地域社会の勢力のある程度の自立的な動向と連動する形で行われた。中央と地域社会がこのようなゆるやかな形でむすびついているところに、五世紀段階の倭国の地域支配の特質を見出すことができる。それはまた、王宮への出仕や貢納物の負担を通じて王族に服属・奉仕するという、この段階の支配の仕方とも対応する不安定なものでもあった。

ただこうした関係がいつまでも続いたわけではない。筑後川と有明海が接する筑後国水《み》沼《ぬま》（三潴）郡を拠点とする水沼君《みぬまのきみ》という豪族がいる。『日本書紀』には、水沼（水間）君の飼っている犬が呉（加耶）からもたらされた鳥（鵝《が》。ガチョウ）を食い殺してしまったため、かわりの鳥とその飼育係（養鳥人）を献上して謝罪したという伝承がみえる（雄略天皇一〇年九月戊子条）。水沼君と加耶の間に交流のあったことを示す伝承だが、有明海沿岸は古くから朝鮮半島との交流がさかんな地域であり、水沼君の伝承もその一端を示す事例である。興味深いのは、『日本書紀』に、水沼君が宗像三神の祭祀をつかさどったとする一説のあることである（神代上、第六段一書第三）。宗像三神の祭祀は本来、宗像君によって担われており、そこに水沼君が介入する余地はなかった可能性が高い。にもかかわらず、この所伝では水沼君が祭るとする。

このことは、北部九州において、葛城勢力と宗像の勢力が結びつくことで維持されてきた均衡状況が動揺し、それまで宗像の勢力に従属していた水沼君が宗像の祭祀を掌握するという下克上的状況が生じていたことを示す。こうした変動がいつの段階で生じたのかが問題となる。北部九州で地域社会の変動として思い起こされるのは、六世紀前半の継体天皇の時に勃発した磐井《いわい》の乱である。しかし水沼君の伝承に磐井との関係はみられない。宗像と葛城勢力の関係からいっても、この変動は五世紀後半に生じたと考えるのが説得的であろう。

五世紀後半、雄略天皇の時に、それまで周縁王族の有力な支持勢力であった葛城、吉備、紀伊の勢力が一斉に弾圧されたことを先に述べた（第三章）。中央支配権力と地域社会の関係が大きく変わるきっかけも、五世紀後半にある。

地域支配秩序の変動

あらためて大阪湾岸の動向をみてみたい。紀氏系の坂本臣の祖とされる根使主の反乱伝承と、吉備系の星川王の反乱伝承である。

いずれも雄略朝、または雄略逝去の直後とされるものだが、伝承の概要はすでに分析しているのでくり返さない（第三章第一節、第三節）。ここで注目したいのは、それぞれの乱のその後を語った部分である。根使主の伝承では、乱後、その子孫が二分され、一方は「大草香部の民」として若日下女王に奉仕し、一方は茅渟県主に「負嚢者《ふくろかつぎひと》」として隷属したとされる。

袋をかつぐとは、『古事記』、『日本書紀』の神話の中で、大国主命が兄たちの荷物をかつぐ姿がよくあらわすように、上位者に対する下位者の服属を示す表現である。根使主は若日下女王の兄、大日下王を讒言したとされるので、その宮に対する奉仕集団とされることは理解できる。茅渟県主は、和泉南部（大阪府南部）を拠点とする地域勢力である。県主とは、主に西国を中心とする地域社会の中小勢力に対して与えられた称号と考えられている。根使主が外交使節に対する饗応の場に参加していたとされ、その子孫とされる坂本臣も外交に関わる格の高い豪族であったことを念頭に置くならば、根使主の弾圧は大阪湾岸の地域支配秩序に大きな変動をもたらしたものとみる必要がある。功業か弾圧か、伝承の性格は正反対だが、そこに示される内容は地域の中小勢力が倭王の権力と直結する点では共通しているのである。

星川王の反乱では、乱後、助命された星川方の三野《みのの》県主《あがたぬし》小根《おね》が難波に有していた田地を献上する。これも服属伝承の形を取りつつ、倭王の権力に対する三野県主の奉仕起源を語っている。

このほか『古事記』には、やはり雄略朝のこととして、河内の志紀郡を拠点とする志幾《しきの》大県主《おおあがたぬし》が、自邸に倭王と同等の堅魚木《かつおぎ》（屋根の棟木を飾る部材）を上げていたことを咎《とが》められて謝罪する話がある。これもまた、同様の奉仕起源伝承として位置づけることができるだろう。志紀郡をはじめとする大阪平野の大和川旧本流沿いには、倭王が直接掌握する御《み》田《た》と呼ばれる所領が集中する。こうした直轄化が、『古事記』、『日本書紀』が記すとおりに雄略朝にはじまったかどうかはわからない。しかし五世紀の葛城、吉備、紀伊勢力の衰退と共に、大阪湾岸では倭王の権力が直接に地域の中小勢力を掌握しようとする動きが起こったことは事実と考えてよいだろう。地域社会の編成のあり方に、大規模な変動が生じたのである。

渡来系集団の招来をめぐる伝承をみる限り、宗像君を中心とする宗像の地域勢力は葛城勢力と密接な関係にあった。宗像神の祭祀は、もちろん倭国の対朝鮮半島交渉と深く結びついている。五世紀後半の葛城勢力の衰退は、北部九州における地域社会の勢力の配置にも影響を与えている。葛城、吉備、紀伊の連合体の衰退は、瀬戸内海沿岸部の地域社会の編成の仕方を大きく揺るがすものだったのである。

第五章　『播磨国風土記』の歴史世界

1 伊和大神伝承の意味

『播磨国風土記』をどう読むか

前章では、五世紀の瀬戸内海沿岸地域を対象として、中央の有力な勢力や先進技術をそなえた渡来系集団が地域社会に入り込んでゆく状況、また地域社会の中小の勢力が中央の有力な勢力との密接な関係の下に広域に移動していた状態をみてきた。この章ではさらに深度を深めて、地域社会の村と呼ばれるような単位までを含んだ人びとの日常生活の営みの中に、外部の勢力がどのように入り込んで来るのかを検討したい。

ただ古代史では、残された史料の絶対量が少ないこともあり、人びとの日常生活に接近すること自体が簡単ではない。しかし幸運にして残された史料の中には、こうした課題に対する手がかりもある。その一例が、『播磨国風土記』である。風土記は八世紀のはじめ、和銅六（七一三）年に作成が命じられた諸国の地誌である。地名の由来や特産物、また古老の言い伝えなどが記された報告書である風土記は、本来全国で作成されたはずだが、現存するのは播磨を含む五国にすぎない。

風土記の文体は各国で違いがあり、常陸のように流麗な漢文で記されたために、かえって地域の実態を捉えるのに苦労するものがある。また肥前や豊後のように、残された写本に省略が多く、やはり実情を把握しづらいものもある。その点、播磨の場合はわかりやすい文体で、かつ明石郡と赤穂《あかほ》郡の二郡を欠くものの（すべての郡の記録が残るのは出雲のみ）、ほかは賀古郡の冒頭の記事を除けばほぼ完存しているとみられる。

さらに、現存する『播磨国風土記』の写本は京都の三条西《さんじょうにし》家に伝えられたものなのだが（現在は天理大学附属天理図書館蔵で国宝に指定）、同じ里の記事が二回出てきたり、途中で切れてしまったような文章があったり、十分に整理されていない箇所がある。たとえば飾磨郡の漢部里や伊和里（貽和里）について、本来まとめて記すべき里名と里内の地名記事が分かれてしまい、後者は飾磨郡の末尾に近い部分に記されている。これは、これらの里名記事が記された後に追加して補われたものと考えられている。また地名について、その由来はかならず説明されるのが原則なのだが、宍粟《しさわ》（宍禾）郡高家里《ぐんたかやのさと》の都太川《つたがわ》では、「誰も説明できない」（衆人《みなひと》、え称《い》わず）として、誰も説明できなかったことをそのままに記している。

こうした事情のため、この写本は朝廷に提出された完成版ではなく、播磨の国府に保存された草稿なのではないかとする説もある。確定するのはむずかしいが、播磨の風土記に未整理な記事が含まれているのは事実であり、そのことがかえって地域をめぐる豊かな情報を伝えることにつながっている。

もちろん、注意すべき問題もある。風土記は基本的には国から朝廷に提出された報告書であり（上中書の一つの解《げ》の形式を取る）、採録された記事は国府の役人たちによって選別されたものである。朝廷に都合の悪い記事ははじめから選ばれなかった可能性もあるし、書き換えられた可能性もある。その意味で、風土記もまた事実そのままを伝える史料ではない。

以上のことを確認したうえで、『播磨国風土記』を読み解くための方法論を示しておきたい。風土記の記事の多くは、その土地の由来を説く地名起源伝承である。これは風土記一般の性質でもあるが、播磨の場合はとりわけその比率が高い。その多くは、神々や伝承上での人間の活動の結果として伝えられる。その神々や人間は、『古事記』や『日本書紀』にみえる場合もあれば、『播磨国風土記』にしかみえない場合、またその組み合わせなどさまざまなのだが、いずれにしても『播磨国風土記』独自の神格、人格として造形されている。

たとえば『播磨国風土記』にみえる神々の中でもっとも重要な役割を果たすのは、伊和《いわの》大神《おおがみ》と呼ばれる神格だが、この神は『古事記』、『日本書紀』の神話にはまったくあらわれない。ところが『播磨国風土記』では、後にみるように播磨一国を代表する神格としてあらわれ、国作りを行ったとされる（宍禾郡条）。いうまでもなく、『古事記』、『日本書紀』の神話で国作りを行ったのは伊奘諾《いざなき》・伊奘冉《いざなみ》の二神であるが、『播磨国風土記』ではそれとは関わらない形で、独自の国土創成神話が存在するのである。

またたとえば、品太天皇と記される人物は『播磨国風土記』の中でもっとも頻繁に登場する人物の一人で、風土記編纂時には応神天皇として理解されていた（第四章第二節）。そこでは、品太天皇が狩猟や国見によって地域にかかわるさまが活写される。しかし応神が播磨に行幸する話は『古事記』、『日本書紀』にはまったくみえない。播磨の品太天皇伝承もまた地域社会固有の関係の中で理解すべきで、『古事記』や『日本書紀』の応神天皇伝承とは基本的にかかわらない。要は、これらの神格や人物、及び地域の組み合わせで構成される神話・伝承がどのような秩序の下に構成されているのか、その原理を読み解く必要があるのである。

いうまでもないことだが、神話・伝承はたんなる架空の物語として存在したのではない。それにかかわる人びとが何らかの意図をもって伝えたものである。人と人との関係を政治といってよいならば、したがって、そこには一定の政治的な目的がそなわることになる。風土記が収録する、地域社会における神々の物語は、その地域あるいは外部の勢力の政治的関係を、神話・伝承の形で伝えたものと理解する必要がある。神話・伝承を中央・地域さまざまな集団間の政治的関係の反映として検討する理由はそこにある。

伊和大神伝承の意味するもの

そこで、伊和大神を中心とする『播磨国風土記』の世界をみてゆきたい。『播磨国風土記』における伊和大神の位置づけをもっともよくあらわすのが、『播磨国風土記』宍禾《しさわ》(宍粟)郡の条に記される、伊和大神の国作り神話である。

シサワの地名は、伊和大神が国を作り堅め終えた後、境界画定のために各地をめぐった際、矢田《やた》村というところで舌に矢をのせた大きな鹿に遭遇した。そこで大神が「矢は彼の舌にあり」と述べたので、「舌にあり」の語から「シサワ」の郡名が生まれ、矢田村の名が生まれたとされる。やや強引なこじつけにも思われるが、この神話を伝えた人びとはこうした語呂合わせのような地口を楽しみつつ、地名の由来を神話や伝承として伝えたのだろう。ともかく宍粟の地は、伊和大神の国作りの最終地点として記される。舌に矢をのせた鹿とは、大神による国占めの狩猟が行われたことを語る神話があったことを示す。国占めとは、神や人間がその地の支配者であることを象徴的に示す行為で、狩猟や杖立《つえた》て、食事、または見晴らしのよいところでの国見などの形で伝えられる(坂江渉「『国占め』神話の歴史的前提」)。

伊和大神の国作りは、もう一つ、やはり宍粟郡の伊和村の条に伝えられる。伊和村は於《お》和《わ》村ともいい、それは大神が国を作り終わった後に「おわ」と述べたから、とされる。「おわ」、とは、苦労の多かった国作りがようやく終わったという詠嘆が込められたことばであろう。いずれにしても、伊和大神の国作りを終えた地であるならば、伊和村こそ伊和大神を祭る勢力の拠点と考えてよい。

No.	郡	里		内容
1	飾磨	英賀里		御子神あり
2	揖保	香山里		国占めに巡行
3		〃	阿竺村	巡行
4		林田里		国占めに植樹
5		〃	伊勢野	御子神あり
6		揖保里	美奈志川	御子神あり
7	宍禾	宍禾郡		国作り
8		安師里		ヒメ神に求婚
9		石作里	阿和賀山	妹神あり
10		〃	波加村	国占めに巡行
11	神前	神前郡		御子神あり
12		多駝里	粳岡	天日槍と戦う
13	託賀	黒田里		妻神到来

『播磨国風土記』の伊和大神関係記事

伊和の地が播磨北部の山間地域であり、かつ『播磨国風土記』に、飾磨郡にも伊和里があることから、播磨の政治的中心である飾磨を伊和大神の拠点とする説もある。しかし伊和大神の神話は宍粟郡から揖保郡を流れる揖保川流域にもっとも濃密に分布している。『播磨国風土記』は、飾磨の伊和は宍粟郡の伊和君の同族が到来したことで伊和部と名づけられたと記す。この場合、風土記の記述をそのまま信頼することができると考える。

では、伊和大神が作ったとされる国とは、どの範囲の国をさすのだろうか。現在でもそうだが、クニということばが示す範囲は多様かつ複合

No.	郡	里	内容
1	讃容	讃容郡	妹神と国占めを争う
2		讃容里　吉川	玉を落とす
3		柏原里　筌戸	出雲より到来し筌を置く
4		雲濃里	御子神あり
5	宍禾	比治里　比良美村	褶を落とす
6		比治里　庭音村	粮にカビが生じる
7		比治里　稲春岑	稲をつかせる
8		安師里	食事する
9		石作里　伊加麻川	国占めに巡行
10		雲箇里	妻神あり
11		御方里	杖にて国占め
12		（石作里）　伊和村	酒を醸す。国作り

『播磨国風土記』の大神関係記事

的である。伊和大神の場合、先にみたように播磨を代表する神格であることを重視して播磨国を作ったとする理解と、より狭い地域に限定する理解の二説が成り立つ。より狭くみる場合、大神の鎮座地が宍粟郡であることから宍粟とする説、またその神話が集中する揖保川流域、つまり宍粟・揖保両郡とする説があり得る。たしかに、伊和大神の信仰が揖保川流域に根ざしたものであることは否定できない。しかし一方で、伊和大神の名を直接記す史料は揖保川流域にとどまらず、飾磨郡、神前郡、多可（託賀）郡と、播磨の広域に見出すことができる。佐用《さよ》（讃容）郡では伊和大神とは記されず、たんに大神と記されるのみであるが、これが伊和大神をさすことは、ほかの条文でも伊和大神をたんに大神とのみ記す事例があることから明らかである（『播磨国風土記』宍禾郡比良美里《ひらみのさと》条ほか）。

明石郡、赤穂郡については、『播磨国風土記』の条文が残っていないため、伊和大神の伝承は残っていない。しかし両郡共に、式内社の伊和都比売《いわつひめ》神社という同名の神社があることが注目される。伊和都比売とは、伊和大神を女神としてみた場合の呼称であろう。古代では、男神と女神の境界はかならずしも明確ではない。伊和大神は、播磨の東西の境界に鎮座していたことになる。

伊和大神の神話は、加古《かこ》（賀古）郡や賀茂《かも》郡、印南《いなみ》郡、また美嚢《みなぎ》郡には存在しない。しかし『播磨国風土記』には、伊和大神と密接に関わる神格として、大汝命《おおなむちのみこと》、葦原志挙《あしはらのしこ》乎命《おのみこと》の名がみえ、国占めを行ったり、同じ外来神と戦ったりなど、伊和大神といちじるしく近い性格の神として語られる。

これらの神名は本来、大和の三輪や出雲に祭られる同一の神格をあらわす名だが、『延喜式』では、伊和大神を祭る神社を伊和坐大名持御魂神社と記すことからすれば、播磨では伊和大神の別名として用いられたと考えることができる。このようにしてみれば、播磨の中で伊和大神の痕跡がみえないのは賀古郡と印南郡の二郡となるのだが、じつは『播磨国風土記』は、この二郡のみ大帯日子《おおたらしひこ》命（景行天皇とされる）の巡行による印南別嬢《いなみのわきいらつめ》への求婚譚が全体を覆う主題として記されており、基本的にほかの神格の登場する余地がほとんどない。本来、この二郡にも伊和大神や葦原志挙乎命、大汝命の神話は存在したと考えられるのだが、『播磨国風土記』のこうした編纂の事情により、それをうかがい知るこ

No.	郡	里	内容
1	飾磨	伊和里　十四丘	御子神・妻神あり
2*		枚野里　筥丘	日女道丘神に求婚
3	揖保	越部里　御橋山	俵を積み橋を立てる
4		林田里　稲種山	少日子根と稲を積む
5	神前	堲丘里	小比古尼と競争
6	賀毛	下鴨里　碓居谷・箕谷・酒屋谷	稲をつき、箕を置き、酒屋を作る
7		楢原里　飯盛嵩	御飯を盛る
8		〃　粳岡	下鴨里の糠が飛散

『播磨国風土記』の大汝命関係記事（＊大汝少日子根命と表記）

No.	郡	里	内容
1	揖保	揖保里	天日槍と国占めを争う
2	宍禾	比治里　宇波良村	国占め
3		比治里　奪谷	天日槍と谷を奪い合う
4		柏野里　伊奈加川	天日槍と国占めを争う
5		御方里	天日槍と黒葛を投げ合う
6*	美嚢	志深里	国を堅める

『播磨国風土記』の葦原志挙乎命関係記事（＊大物主葦原志許と表記）

とができないのだろう。

以上の理解が可能であるならば、伊和大神は播磨のほぼ全域にわたって登場する神といえる。このことからすれば、伊和大神が作った国とは、播磨一国にあたると考えるのがふさわしい。

播磨の神統譜と伊和大神

もうひとつ、伊和大神の性格をよくあらわすのが、『播磨国風土記』が、この神を播磨の神《しん》統譜《とうふ》（神々の血縁・婚姻関係をあらわした系譜）の頂点に位置づけている点である。伊和大神と神統譜によって結ばれる神々とは、どのような存在だったのであろうか。たとえば御子神とされる阿賀比古《あがひこ》・阿賀比売《あがひめ》の二神は、飾磨郡英賀《あが》里の神である（『播磨国風土記』飾磨郡英賀里条）。同じく御子神とされる伊勢都比古命《いせつひこのみこと》・伊勢都比売命《いせつひめのみこと》の二神は、揖保郡林田《はやしだ》里の伊勢野《いせの》の神である。御子神には、里または里に含まれる小さな地域の神々がいたことがわかる。里は本来、戸数が五〇になるように人為的に編成された単位だが（後に郷と改称される）、『播磨国風土記』では自然発生的な集落をあらわす「村」と言い換えられる里も存在するので、これらの御子神は人びとの暮らしにもっとも近いところに祭られる神々といえるだろう。

伊勢都比古命・伊勢都比売命は、この二神をよく祭ることで伊勢野の開発が可能になったとされ、揖保郡出水里《いずみのさと》の御子神、石龍比古命《いわたつひこのみこと》・石龍比売命《いわたつひめのみこと》の兄妹神は、里を流れる美《み》奈志《なし》川の水利をめぐって争ったという伝承を持つ（『播磨国風土記』揖保郡出水里条）。伊和大神を信仰する勢力は、開発や水利といった、地域社会の再生産を維持するための最小の単位を直接掌握していたと考えられる。

ただ御子神には一方で、郡に相当するような広域で祭られる神々も存在する。『播磨国風土記』は、神前郡の名の由来として、神前山《かんざきやま》の存在を記す。神前山の名は、伊和大神の御子神、建石敷命《たけいわしきのみこと》がこの地に坐すことによるとされる（神前郡条）。郡名の由来となる神

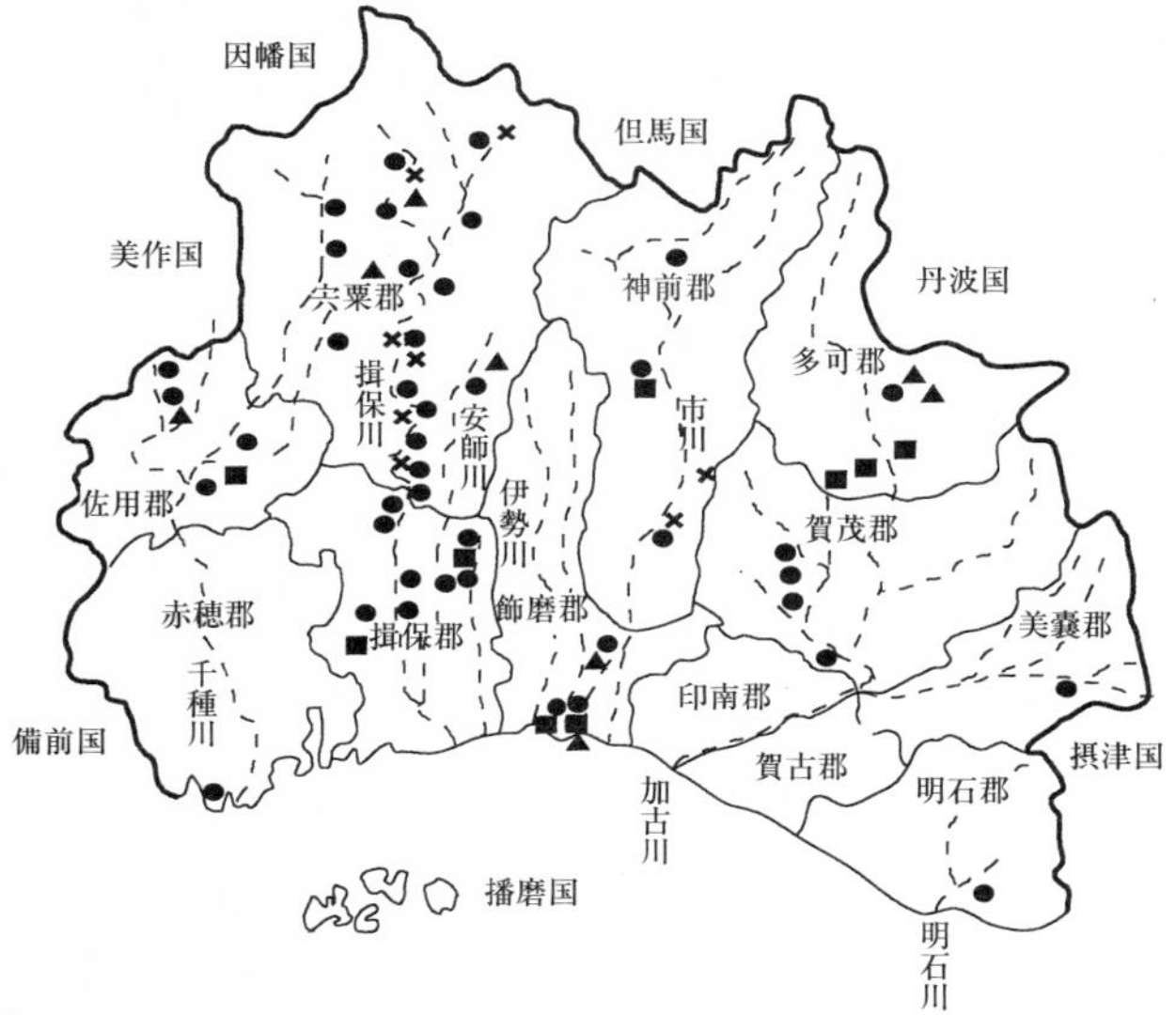

伊和大神信仰と天日槍命伝承

●伊和大神・大汝・葦原志挙乎　■御子神　▲妻神・兄弟神　×天日槍命

が郡を代表する神格であったことは明らかだろう。大神の妹とされる賛用都比売命《さよつひめのみこと》は佐用《さよ》郡を代表する神格である。郡は里と国の間に置かれる政治的な単位である。伊和大神は、その郡を代表する神々をも神統譜の下位に位置付けていたことになる。

これらの神統譜をめぐる神話の中には、伊和大神が相手と対立し退散する、といった内容のものもある。賛用都比売命の場合、兄妹で国占めを争った際、賛用都比売は稲種に鹿の血をかけて一夜にして発芽させる奇瑞をあらわしたので、大神は他所へ去ったという。これは、佐用の地で賛用都比売の神威を示す神話として語られていたものであろう。ただしこの場合でも、元は玉津日女命《たまつひめ》といったこの女神に、「五月夜《さよ》に殖えつるかも」（五月の夜に植えたものだなぁ）と述べて賛用都比売の名を与え、また佐用郡と名付けたのは伊和大神として語られており、伊和大神の優位が保たれた形を取っている。個々の神々との間で差異はあるものの、全体として伊和大神を超える神格は、播磨には存在しないのである。

外来神との対立

伊和大神の三つめの特徴は、播磨に侵入した外来神と対立し、戦う存在という点にある。このことを明瞭にあらわすのは、新羅（『播磨国風土記』では韓国《からくに》と記される）から到来した とされる天日槍命《あまのひぼこのみこと》との対立と戦いである。神話では、伊和大神（および葦原志挙乎命）は、揖保川流域を主な舞台として、天日槍命と国占め争いをくり広げる。揖保郡では、渡来してきた天日槍命が葦原志挙乎命に宿を求めるが拒絶され、剣で海水をかき回してその勢いを示したので、葦原志挙乎命は急いで丘に登り食事をとった。その時口元に運んだ飯粒がこぼれたので、粒丘《いいぼのおか》と名づけたという。

丘に登り食事をとるのは、支配する土地を眺めその土地の産物を食する、国占めの代表的な行為である。葦原志挙乎命は、これによってみずからが播磨の支配者であることを天日槍命に示したといえる。二神の対立は揖保川をさかのぼってその後も続くが、黒土《くろつち》の志《し》爾嵩《にだけ》に至り、黒葛《つづら》を三本ずつ蹴り上げ、それが落ちたところによって国占めの地を争う。葦原志挙乎命の黒葛は、一本は、但馬の気多《けた》郡に、一本は同じ但馬の養父《やぶ》（夜夫）郡に、そしてもう一本は宍粟郡御《み》方里《かたのさと》に落ちたという。それに対して、天日槍命の黒葛は三本とも但馬に落ちたので、出石《いずし》の地を占めるに至ったという（宍禾郡御方里条）。

ものを蹴り上げたり風に飛ばしたりして、その落ちたところで神意を占う行為は、古代社会にしばしばみられる。それを利用した国占めにより、二神の鎮座地が定められたわけである。この神話に続いて、伊和大神がみずからの代わりに杖を立てたので御方（御形）というとする伝承が記されるが、これもまた、この地が伊和大神による国占めの地であることを示す神話である。『播磨国風土記』は、これに続けて、宍禾郡条の末尾を飾る条文として、すでに登場した伊和里から切り離して、伊和村の地名起源譚を載せる。先にみた、伊和大神が国を作り終えて「おわ」と述べたとする伝承である。この配列からすれば、『播磨国風土記』の編者は、伊和大神の国作りの主要な部分を、天日槍命との対立伝承と考えていた可能性もあるだろう。

このように『播磨国風土記』から見出すことのできる歴史世界の頂点に位置するの

は、伊和大神である。伊和大神の信仰は本来、播磨西部の宍粟、揖保を拠点とするものであったが、それが播磨全域に分布することの意味をどのように評価するかが問題となる。これまで、伊和大神の信仰を支えたのは、伊和の地を拠点とする伊和君と呼ばれる豪族とされてきた。たしかに伊和君は大神を祭る立場にあった豪族だろう。しかし神を祭ることと信仰の問題は異なっている。しかも伊和君は宍粟郡と飾磨郡に分布するのみの、有力とは言い難い勢力である。伊和大神の信仰が反映しているのは、播磨を代表するような勢力の存在なのではなかろうか。

こうした勢力として想定されるのが、針間国造《はりまのくにのみやつこ》と総称される集団である（針間は播磨の古い表記）。針間国造は佐伯直《さえきのあたい》、針間国造《はりまのくにのみやつこ》、播磨直《はりまのあたい》などのさまざまな氏姓をもつ。その勢力は播磨中西部の賀茂、神前、飾磨郡を中心とするが、一方で播磨のほぼ全域に分布しており、伊和大神の分布と共通する。こうした傾向を示す勢力は、ほかに存在しない。伊和大神の信仰は、針間国造による播磨一国の支配という主張を反映するものであったと結論づけることができるだろう。

国造は倭王に服属するかわりに一定の地域支配を委任される存在で、その成立は五二七年と伝えられる筑紫の磐井の乱後とするのが、今日の有力な見解である。国という行政単位が確立するのはもっと後のことだが、少なくとも播磨に関しては、その政治的なまとまりは六世紀前半には成熟し、中央権力に対して播磨一国を代表する勢力が存在したと考える必要がある。

では、伊和大神に代表される政治的な単位としての播磨が成立してくるのはいつのことなのか。これは、なかなかにむずかしい問題である。この問題と密接に関係しているのは、播磨に侵入してくる外部の勢力と伊和大神、また針間国造の関係である。次の節では、その外部勢力としての但馬と吉備の問題を検討した後に、あらためて政治的世界としての播磨の成立時期に触れたいと思う。

2　但馬・吉備との関係

但馬との関係

外部の勢力の到来を示す伝承が多い『播磨国風土記』の中でも、際立って多いのが但馬との関係を示す伝承であり、多くはないがほかの史料との関係で重要な位置を占めるのが、吉備との関係を示す伝承である。まず但馬との関係をみてゆきたい。

第一節で、『播磨国風土記』の伊和大神と天日槍命の物語を紹介した。天日槍命の伝承は、『播磨国風土記』以外にも、『古事記』や『日本書紀』にみえる。それらはいずれも、天日槍命が新羅から渡来してきた王子とする点で一致する。それらの伝承はまた、天日槍命を但馬の出石と結びつく存在としても描いている。『古事記』では、天日槍命は新羅で阿加流比売《あかるひめ》という女神と結ばれるが両者は決裂し、阿加流比売は新羅を出て難波に移る。天日槍命は阿加流比売を追うが難波の渡の神に遮られ、但馬に移る。結果として、天日槍命は但馬の女性と結ばれ、その子孫として常世国《とこよのくに》から不老不死の果実（非時香果《ときじくかくのこのみ》）をもたらすことになる田道間守《たじまもり》が生まれる系譜が記される。さらに、天日槍命がもたらした出石の神宝、また神宝から生まれた出石オトメの伝承が記される（応神天皇段）。

但馬にちなむ名をもつ田道間守が但馬の勢力を反映することは明らかである。田道間守らの始祖として位置づけられ、かつ出石の神宝をもたらした神格とされる『古事記』の天日槍命は、出石を拠点とする勢力の始祖的存在であることが示されているのである。

天日槍命を田道間守の祖とし、出石の神宝との関係を語る点は『日本書紀』も同じである。『日本書紀』の本文は天日槍命が但馬に到来したことを記す簡潔なものだが、一云《あるふみにいわく》とされる異説が記されており、そこでは天日槍命は播磨の宍粟に到来した後、居地を求めて各地を巡行し、但馬に居を定めたことが記される（垂仁天皇三年三月条）。いずれにしても、出石の神宝は天日槍命がもたらしたことが記され、田道間守の祖とする系譜が示される。『播磨国風土記』、『古事記』、『日本書紀』のいずれの伝承をとっても、天日槍命が但馬の出石の勢力を象徴する存在であることが確認できるのである。天日槍命や田道間守は、直接には出石の三宅連という豪族の始祖とされるが、そうした個別の豪族との関係よりも、ここでは出石地域に根ざした勢力の象徴としてこれらの伝承を重視したい。

　天日槍命の伝承は、いつ、どのような勢力によって作られたものと考えられるのだろうか。この点を検討するうえで、『古事記』の天日槍命の系譜が、たんに田道間守との関係を記して終わるのではなく、さらに進んで葛城高額《かづらきのたかぬか》比売《ひめ》の名を記し、その子として息長《おきなが》帯比売《たらしひめ》の名を記すことが注目される。息長帯比売は、いうまでもなく神功皇后で、応神天皇の生母とされる人物である。天日槍命は、系譜上、息長帯比売を出したとする息長氏と結びつく存在とされるわけである。

　このことは、直接には息長氏が葛城氏の系譜に造作を加え、自身が応神の生母を出したことを主張しているとみられる。息長氏は、基本的には継体天皇の后妃を出したことにより中央に進出する勢力であるから、こうした系譜がつくられるのは五世紀末から六世紀はじめ以降と考えられる。葛城の勢力についてはこれまでにもみてきたように、五世紀後半には衰退するので、葛城と結びつく天日槍命の系譜も、五世紀後半には作られていたと考えるのが妥当であろう。

　以上の推測が妥当であるならば、『播磨国風土記』の天日槍命伝承もまた、五世紀に成立した可能性が高くなる。天日槍命伝承が記される神前郡多駝里《ただのさと》には、葛城勢力の存在を反映するアヂスキタカヒコネ神の伝承がある他（神前郡多駝里条邑曰野《おおわちの》）、同じく葛城勢力の存在を示す品太天皇伝承も存在する（同里条）。播磨の天日槍命伝承は葛城の勢力と密接に結びついており、その成立時期が五世紀に遡ること、またその播磨への侵入が但馬の勢力単独でなされたものではなく、葛城勢力の後押しがあってのものであったことを示している。

『播磨国風土記』にみえるほかの但馬に関する伝承も見ておきたい。揖保郡越部里《こしべのさと》条では、但馬君小津《たじまのきみおつ》という人物が、安閑天皇の時にこの村にミヤケを作ったことがみえ、同郡広山里《ひろやまのさと》条では、伊頭志君麻良比《いずしのきみまらひ》という人物がこの里にいたことが記される。伊頭志君が出石の勢力であることは明らかである。飾磨郡安相里条では、品太天皇が但馬から播磨に巡行してきた際に播磨の国造、豊忍別《とよおしわけ》命が臣下の地位を剝奪されたのを、但馬国造阿胡尼《あこね》命のとりなしで復権できたため、塩代田を献上し、それを但馬の朝来の人が耕作した、とする。これについてはくわしく検討したように（第四章第二節）、五世紀後半の播磨に但馬の勢力が入ってきたことを示すものとして理解できる。但馬君という豪族は小津のほかに知られていないが、その名からすれば但馬国造の一族と考えてよい。但馬国造は朝来の人を率いることからすれば、但馬国朝来郡を拠点とする勢力なのであろう。

出石と朝来は共に但馬を縦断して日本海に至る円山川《まるやまがわ》水系に属し、但馬の支配拠点として重要な位置を占めた。朝来郡には但馬最大の前方後円墳である池田《いけだ》古墳（現兵庫県朝来市）をはじめとする大規模な古墳、また古墳時代の但馬最大の集落遺跡である柿坪《かきつぼ》遺跡（朝来市）などの重要な遺跡が集中する。柿坪遺跡で検出された四面庇《ひさし》付で棟持柱《むなもちばしら》を持つ大型掘立柱建物は、古墳時代の建物としては葛城勢力の拠点、奈良県南郷安田《なんごうやしだ》遺跡で見つかった建物に次ぐ規模という。出石郡には奈良・平安時代の地方官衙《かんが》遺跡として著名な袴《はか》狭《ざ》遺跡があるが、袴狭遺跡からはほかにも弥生時代後期から古墳時代前期の木製品として、当時外洋航海に用いられた準構造船を含む船団を線刻した板が出土しており、出石地域が日本海交通の重要な拠点であったことを物語る。

こうした但馬の勢力が、葛城勢力を反映する品太天皇の伝承の一部に含まれることを重視したい。つまり五世紀に葛城勢力と結びついた但馬の勢力が播磨に侵入してきたことを記す点で、安相里の伝承と天日槍命伝承は同じ歴史を語っている可能性があるのである。

吉備との関係

もうひとつの、播磨と吉備との関係をみておきたい。播磨西部が吉備と密接な関係にあったことは、吉備大宰《きびのたいさい》と呼ばれる七世紀後半の広域行政官（『日本書紀』天武天皇八〈六七九〉年三月己丑条）が、揖保郡内の里の設置を行ったとする伝承が存在すること（『播磨国風土記』揖保郡広山里条）からも知ることができる。こうした関係がいつまで遡るかが問題となる。『播磨国風土記』には、成務《せいむ》天皇の時、丸部臣《わにべのおみ》の祖、比古汝茅《ひこなむち》を派遣して国境を確定させたところ、吉備比古と吉備比売の二人が彼を迎えた。そこで比古汝茅と吉備比売との間に生まれたのが印南別嬢《いなみのわきいらつめ》という女性である、という伝承がみえる（印南郡南毗都《なびつ》麻《ま》）。

印南野地域の勢力を反映する存在と考えられる印南別嬢は、中央支配権力を構成する和《わ》珥《に》氏と吉備の女性から生まれたとされる。中央の勢力が派遣されることはあり得るとしても、吉備の勢力がなぜ播磨中部にいて、境界の画定にかかわっているのだろうか。『古事記』は、孝霊《こうれい》天皇の子、大吉備津比古命《おおきびつひこのみこと》（吉備の上道臣《かみつみちのおみ》の祖とされる）と若建吉備津日子《わかたけきびつひこの》命《みこと》（吉備の下道臣《しもつみちのおみ》、笠臣《かさのおみ》の祖とされる）の二人が針間の氷河《ひかわ》（加古川）の先に遣わされ、針間を道の口（入口）として吉備を平定した、という伝承を載せる（孝霊天皇段）。

印南は加古川下流の地域名だから、『古事記』と『播磨国風土記』は、いずれも加古川を境とする中央と吉備の勢力の関係を描いていることになる。両者の大きな違いは、派遣されるのが吉備の勢力か中央の勢力かという点にある。平定の対象が吉備なのに、吉備の勢力が派遣されるのは明らかに矛盾している。『古事記』の伝承は、吉備の勢力が天皇の血を引く存在であることを示すために、吉備の勢力によって作られたものなのだろう。
一方、『播磨国風土記』の方は、平定に向かったのが和珥氏の祖であることが強調される。このことは、『古事記』や『日本書紀』には見えない。しかし播磨にはこの伝承をはじめ、和珥氏配下の丸部氏の分布が確認できる。播磨の和珥系氏族には、みずから吉備を平定したという伝承が存在したのだろう。二つの伝承は、いずれも中央支配権力と吉備が加古川を境界として勢力を分けあったことを前提とする。

その際、加古川より西の播磨の勢力は、吉備比売と印南別嬢を親子とする系譜が示すように、吉備の下位に位置づけられている。吉備が播磨を従属させる関係は五世紀には存在したとみてよいが（第三章第三節）、この関係に和珥氏が造作を加えることができるのは、彼らの有力豪族としての地位が確立してからのことだろう。和珥氏の地位の上昇は、その出自の女性が倭王の后妃となることによってもたらされたと考えられており、それは五世紀中葉以降のことである。和珥氏出自の后妃はその後も続くので、和珥氏のみに注目するならば、この伝承への関与は六世紀以降でも問題はないことになる。しかしそれに吉備がかかわることは、それらがいずれも五世紀代のことであることを示している。

『播磨国風土記』揖保郡林田里《はやしだのさと》条では、林田の地は元々、談奈志里《いわなしのさと》といったとするが、「イワナシ」は吉備東部を拠点とする石生別公《いわなしのわけのきみ》（後の和気氏）と共通する。播磨に石生別公がいたことは、その配下にある別部《わけべ》が佐用郡にいたことからも裏づけられる（『播磨国風土記』讃容《さよ》郡条）。ただ伝承は、「イワナシ」の地名は、伊和大神の御志《みしるし》が楡《いわなし》として生じたため、つまり言わずともなしたため、と説明する。林田の地が伊和大神による国占めを必要とする重要な地域であることが示されているのであるが、同時にこの地には葛城の鴨大御神（アヂスキタカヒコネ神）祭祀に奉仕する鴨部もいた。さらに本来は林田里に含まれていた上岡里《かみおかのさと》には、品太天皇の国占め伝承もみえる。林田は、播磨、吉備、そして葛城という三つの勢力がせめぎ合う要地であったわけだが、いずれにしても、吉備と葛城の勢力が密接にかかわりながら存在していることがうかがえる。

この関係は、他の事例でも確認できる。『古事記』、『日本書紀』にみえる雌鳥女王《めとりのひめみこ》と隼別王《はやぶさわけのみこ》の叛逆伝承では、彼らの追撃を命じられたのは播磨佐伯直《はりまのさえきのあたい》阿俄能胡《あがのこ》と、吉備《きび》品遅部君雄鯽《ほむちべのきみおふな》の二人であった。伝承では、二人はあらかじめ固く禁じられていたにもかかわらず、雌鳥らが身につけていた玉を奪ってしまう。後にそれが露見した際、阿俄能胡は所領を献じて贖罪するのだが、その地は玉を奪ったことの代償として、玉代《たまて》と名づけられたとする（『日本書紀』仁徳天皇四〇年是歳条）。佐伯直の拠点の一つである飾磨郡には実際に玉手の地名が残り、そこは飾磨ミヤケの比定地にも近い要衝の地である。

阿俄能胡が針間国造と密接にかかわる存在であることは確実である。先にみたように

（第四章第二節）、阿俄能胡（阿我乃古）は『播磨国風土記』神前郡多駝里《ただのさと》条にもみえ、そこでは「佐伯部らの始めの祖」と記される。佐伯部は佐伯氏に従属する人びとだが、ここでは佐伯氏をも含むとみて問題ない。佐伯氏は、針間国造の一員である。

阿俄能胡と共にみえる吉備品遅部君雄鯽は、文字どおり吉備の勢力と考えられるが、ホムチベと称することからすれば、葛下郡品治の地を拠点とする葛城勢力との関係を想定できる。吉備には品治郡があり（備後国。現在の広島県東南部）、葛城勢力に従属する葛木部も備前国に広範に分布する。玉代の地名起源の形を取りつつ、播磨の佐伯直の服属奉仕を語るこの伝承は、播磨のみならず葛城と結んだ吉備の勢力の服属奉仕をも語っていると考えられる。

『続日本紀』には、播磨の賀古郡の人、馬養造人上《うまかいのみやつこひとがみ》が、祖先の上道臣息長借鎌《かみつみちのおみおきながのかりかま》は仁徳天皇の時、印南野《いなみの》に住んでいたが、借鎌の六世の子孫、牟射志《むさし》が上宮太子（聖徳太子）に馬司として仕えたため、六七〇年に庚午年籍《こうごねんじゃく》が作成された時、その子孫は賤視された馬養造《うまかいのみやつこ》に誤って編成されてしまったことを訴えた記事がみえる。

人上はそれをあらため、住んでいるところの名によって印南野臣の名を名乗りたいと申し出て、それが認められたとする記事である（天平神護元〈七六五〉年五月庚戌条）。ここでは、この加古川流域に住む人上一族が、上道氏を名乗っていたことに注目したい。上道氏は吉備東部を拠点とする勢力で、雄略逝去時に反乱して討伐されたとされる星川王の母方の出自とされるからである。

葛城勢力が五世紀後半に衰退することはこれまでにみてきたとおりであり、吉備の勢力も同様である。そうであるならば、播磨における吉備の勢力とは、五世紀に生じた吉備勢力の播磨への侵入という現象を反映したものと考えるのが、もっとも合理的だろう。

この節では、但馬、吉備という隣接する二つの勢力が播磨へ侵入してくるのは、いずれも五世紀のことであると考えた。前章では、飾磨をはじめとする葛城勢力の播磨侵入もまた五世紀であることを述べた。この節での検討によって、但馬および吉備の背後に、葛城勢力の存在をみて取れることが明らかになった。つまり五世紀における播磨への外部勢力の侵入は、この時期の中央支配権力の流動的な状態を反映して、葛城勢力の主導性が際立つものとなっているのである。

以上の理解に至ったことで、あらためて伊和大神伝承の成立時期について考えることのできる段階に到達した。伊和大神が直接にかかわる但馬の勢力の象徴である天日槍命、大神と同様に播磨を代表する針間国造の始祖は、いずれも五世紀後半から六世紀初頭にかけての存在である。針間に侵入する一方、針間国造の始祖ともかかわる吉備の勢力は、五世紀後半には衰退する。但馬および吉備の勢力と連携して播磨を侵略する葛城の勢力が倭王により弾圧されるのも、五世紀後半である。これらの状況からすれば、播磨を代表する勢力——それは六世紀には中央支配権力により、針間国造として編成される——による伊和大神信仰が成り立つのは、五世紀後半以前のことと考えるのが、もっとも可能性が高いということになる。

『播磨国風土記』に広くみえる伊和大神伝承については、これまでにも多くの研究が積み重ねられてきた。しかしそれがいつの段階の、どのような歴史世界を反映したものであるのか、かならずしも説得的な説が提出されてきたわけではない。この章での検討を通じて、伊和大神の勢力範囲とその性格、また伝承が示す歴史世界の時期を特定したことは、『播磨国風土記』にみえるほかの神話・伝承を理解するための定点としての意味も持っている。つまり、『播磨国風土記』にみえるほかの神格や人物との関係を考えることで、播磨に展開する勢力の性格や、活動した時期について推測する手がかりが得られることになるわけである。このことは、『播磨国風土記』という、当然のことながらそれ自体としては二次元のテクストを、歴史的に、重層的に読み解いてゆく試みともいえるだろう。

3　継体支持勢力の侵入

火明命の怒り

伊和大神によって代表される歴史世界としての播磨が大きく変容することを告げる伝承が、『播磨国風土記』にみえる。飾磨郡伊和里条の、大汝命と火明命《ほあかりのみこと》の対立する神話である。火明命は大汝命の御子であったが乱暴者だったので、大汝命は因達《いだて》の神山というところで彼を水汲みに出し、その隙に船を出航させて逃れようとした。そのことに気づいた火明命は大波を起こし、父の船を転覆させる。その船や、船から落ちた琴や箱などが、一四の丘と総称される丘の起源となったという壮大な話だが、神話は、大汝命が妻に、乱暴な子から逃れようとして、かえって波風にあって苦しい思いをさせられたものだ(「悪《あし》き子を遁《のが》れむとして、かえりて波風に遇い、いたく辛苦《たしな》められつるかも」)と述べ、それによって瞋塩《いかしお》と、苦斉《たしなみのわたり》の地名が生まれたと結ばれる(読みは日本古典文学大系による)。

伊和里は、第四章第二節でみた飾磨津の所在地である。瞋塩は、波高い海の様子を述べたものだろうか(瞋は怒りのこと)。斉は港をさすので、苦斉は、飾磨津の別名と考えてよいだろう。この神話は、瀬戸内海交通の結節点である飾磨津をめぐって大汝命と火明命が争い、大汝命が敗れたことを述べているとみてとれる。大汝命は伊和大神をさす。

伊和大神の御子神は多いし、大神がほかの神と争って敗れる話としては、先にみた佐用(讃容)郡の事例がある。妹の賛用都比売命が一夜にして稲を生じさせる奇瑞をあらわしたため、大神は去る、というものである(『播磨国風土記』讃容郡条)。この神話が特徴的なのは、大神が御子神に敗れた唯一の事例であることと、火明命が御子神の中で唯一、播磨以外の地域から到来した神格とみられることである。

火明命は『日本書紀』に、尾張連氏の祖神であることが記される(神代下、第九段本文ほか)。そのほか、火明命を祖神とする氏族の多くは、石作《いしつくり》氏、伊福部《いおきべ》氏、六人部《むとべ》氏など、尾張、美濃を出自とする。このことから、火明命後裔を称する氏族を基本的に東海出自とみなし、その播磨など西国への分布を、東海地方を勢力の一部とする継体天皇の即位による勢力伸長の結果とする見解がある(中林隆之「石作氏の配置とその前提」)。たしかに、播磨や吉備には尾張氏をはじめとする東海地方出自の勢力が散在している。火明命のこの伝承は、瀬戸内海の要衝である飾磨津を、播磨の勢力に代わり、東海地方の勢力と結んだ倭王の権力が、直接侵入して掌握したことを示している可能性が高い。

飾磨ミヤケの起源譚

このことと対応するのが、『播磨国風土記』にみえる、飾磨ミヤケの起源譚である。仁徳天皇の時、隠岐、出雲、伯耆、因幡、但馬という五人の国造を召喚したところ、彼らは仁徳の使者に船を漕がせて都にやってきた。仁徳はその不敬を咎めて彼らを播磨に追放し、田地の耕作にあたらせた。そこで収穫した稲を収納する施設を作り、飾磨御宅《しかまのみやけ》と呼んだといい、賀和良久三宅《かわらくのみやけ》とも呼んだという。

播磨の飾磨で耕作にあたる人びとが山陰道諸国から送られたとするのは、あり得ないことのように思われる。しかしこれまでにもみてきたように、飾磨郡には別に但馬の朝来の人びとがやって来て耕作したことにちなむ安相里があるほか（『播磨国風土記』飾磨郡安相里条）、西に接する揖保郡には出雲の人びとが到来して開発にあたり、神を祭ったとする伝承がある。この伝承が伝えられる枚方里にはその後、法隆寺《ほうりゅうじ》の荘園、鵤荘《いかるがのしょう》が置かれるのだが、鎌倉時代末期に作成されたその図には三宅の地名があり（嘉暦四〈一三二九〉年法隆寺領播磨国鵤荘絵図）、古代の枚方里にミヤケが置かれたことを示すと考えられている（仁藤敦史「『斑鳩宮』の経済的基盤」、鷺森浩幸「『播磨国風土記』に見える枚方里の開発伝承」）。

ミヤケの開発に出雲の人びとが動員された可能性を示す点で、枚方里の事例と飾磨ミヤケの事例は共通する。また、因幡以西の山陰道諸国と播磨を結ぶ要路に位置する佐用（讃容）郡中川里《なかつがわのさと》には、ミヤケが置かれていたことが記される。同じ里には、伯耆の加具漏《かぐろ》

ミヤケ名	山陰地方の外来集団名	風土記の出典
飾磨御宅	隠岐、出雲、伯耆、因幡、但馬の国造	飾磨郡貽和里条
中川ミヤケ	伯耆加具漏、因幡邑由胡（因幡国造阿良佐加比売） 但馬の伊頭志君麻良比	讃容郡中川里条 揖保郡広山里条
枚方ミヤケ	出雲御蔭の大神（都伎也）、伯耆の人小保弖、因幡の人布久漏 石海の人夫	揖保郡広山里条 揖保郡石海里条

播磨のミヤケと山陰の外来集団

と因幡の邑由胡《おおゆこ》の二人の一族が過度の贅沢を譴責され、都へ召喚される途次、邑由胡の一族が服部弥蘇連《はとりのみそのむらじ》という中央の豪族と因幡国造阿良佐加比売《あらさかひめ》の子であることが判明して赦《ゆる》されたとする伝承が記される（讃容郡中川里条弥加都岐原《みかづきはら》）。伯耆の加具漏も国造の祖として位置づけられていた可能性が高い。

播磨のミヤケに山陰道諸国の国造の始祖とされるような勢力が到来し、開発に従事するといった現象は、実際にあり得たものと思われる。中川の地は、奈良時代には山陽道の支路である美作路の中川駅家《なかつがわのうまや》が設置されていて、交通の要路であった。『播磨国風土記』には、この里に息長帯比売（神功皇后）が新羅平定のために出征し、淡路の石屋《いわや》で雨に降られた際、苫屋《とまや》を架設して功を称えられた苫編首《とまあみのおびと》の伝承や、河内国兎寸《とのき》（後の和泉国大鳥郡富木村。現大阪府高石《たかいし》市取石）の人が不思議な剣をこの地にもたらしたことがみえる。

苫編については、淡路と佐用郡の中継点にあたる飾西郡に、中世に下るが苫編の地名が確認できる。剣については、風土記はこの剣を得た人の家が絶え、土に埋められた剣が錆

飾磨郡・揖保郡のミヤケ分布（地名の比定、海岸線は一部推定を含む。ひなたGISを利用。川だけ地形地図＋戦前期五万分の一地形図）

びることなく蛇のように動く奇瑞をあらわしたので朝廷に献上したが、浄御原朝廷《きよみはらのみかど》の甲申の年（天武天皇一三＝六八四年）の七月、この地に返したことを記す。このことは、『日本書紀』に、斉明天皇七（六六一）年、佐用郡（原文は狭夜郡）から宝剣が献じられた記事がみえること（天智天皇即位前紀斉明天皇七年是歳条）と対応する。中川里は奈良時代以前から近畿地方、山陽道側と山陰道側を結ぶ結節点として機能していた。以上の裏づけにより、飾磨のミヤケが設置される六世紀前半の段階では、火明命に代表される中央の支配権力は、播磨の勢力を服属させることに成功していたものと考えられる。

　このことは、六世紀前半という時期に、中央支配権力と播磨の勢力の関係が大きな転換点を迎えた可能性を示している。さしあたり問題となるのは、継体天皇を支持する勢力としての息長氏に関する伝承が、まとまって『播磨国風土記』にみえることである。

息長氏の伝承

息長氏については、応神天皇の生母とされる息長帯比売がその名をもつことから、その伝承をどのように理解するかについて多くの研究が重ねられてきた。確実にいえることは、息長氏は継体天皇の后妃を出した近江出自の勢力ということである。したがって、少なくとも『播磨国風土記』にみる息長氏に関する伝承は、六世紀前半の継体天皇の支持勢力の播磨への侵入を示すと考えて問題はないだろう。その伝承は播磨の広域に分布するが、顕著な特徴を示すのは加古川、揖保川河口域の伝承である。

加古川河口域の伝承とは、印南別嬢の伝承に付随するものである。大帯日子《おおたらしひこ》（景行天皇）が印南別嬢を追って印南郡に到来した際、その仲介役として登場するのが息長命である。彼はその功績により、印南別嬢に仕える女性、出雲臣比須良比売《いずものおみひすらひめ》と結婚することを許され、その墓は賀古駅家の西にあるという。風土記が編纂された当時、その墓と伝えられる墳墓が地域に現存し、それにちなむ物語であったことがうかがえる。

興味深いのは、息長命の多義的な性格である。彼は播磨国賀茂郡の山直《やまのあたい》らの始祖とされる。さらに、彼は印南別嬢の探索に功績を上げたことで、大帯日子から大中伊志治《おおなかのいしじ》の名を与えられる。その状況を、風土記は次のように記す。

印南別嬢は（大帯日子の来訪を）聞いて驚き畏れた。そこで南毗都麻嶋《なびつまじま》に逃げ渡った。ここで、天皇は賀古《かこ》の松原《まつばら》に至ってお探しになった。その時、白い犬が海に向かって長く吠えた。天皇が、これは誰の犬か、とお聞きになったところ、須受武良首《すずむらのおびと》が、印南別嬢の飼っている犬です、と答えたので、天皇は（別嬢のいるところを）よく告げてくれた、とおっしゃって、告首《つげのおびと》の名を与えた。天皇は、（別嬢が）この小島にいることを知り、わたりたいと思われた。（中略）ようやく島にわたって会うことができたので、「この島に隠れていたいとしい妻よ」とおっしゃった。そこで、この島を南毗都麻と名づけた。天皇の御舟と別嬢の舟を共に編み合わせた。合わせて舵を取ったのは伊志治である。そこで、大中伊志治の名を授けた（中略）。その後、印南別嬢の部屋の掃除役の出雲臣比須良比売と息長命を結婚させた。

伊志治の伝承は、賀古の松原での印南別嬢の探索における功績として語られている。その点で、須受武良首が告首の氏姓を賜ったことと、伊志治が大中の氏名を賜ったことは、伝承上では同格に位置づけられている。つまりこの部分は、もともと賀古、印南両郡に伝わった伊志治や須受武良首など、地域勢力の功績が取り上げられたものと考えられる。

それに対して、出雲臣比須良比売との結婚を許される場面では、伊志治の名はあらわれず、息長命と記される。このことは、息長命の伝承が、地域社会の伝承を取り込み、その上に出雲臣と交渉する息長氏自身の伝承を付け加えたことを示していると考える。出雲臣は出雲から到来した外来の勢力であり、その交渉は地域のおそらくは中小勢力であったであろう伊志治のなし得るところではない。その任にあたり得るのは、地域であれば伊和大神や針間国造の祖のような勢力か、中央であれば葛城や和珥のような有力勢力ということになるだろう。それが息長命に象徴される息長氏であるのはなぜか。

それはこの伝承が、息長氏が播磨に侵入する六世紀初頭に成立したこととかかわるのではないか。このことは、息長命が賀茂郡の山直の祖とされることからも裏づけられる。山直は、山部氏を配下としつつ山林資源の管理にあたったと考えられる集団である。先に、五世紀後半の星川王の乱後、億計《おけ》・弘計《をけ》の二王（後の仁賢天皇、顕宗天皇）を発見した功績によって山部連小楯《おたて》が「山官」に任ぜられ、吉備臣を副としたことをみた。賀茂郡の山直は、この措置と深くかかわる集団である。『播磨国風土記』は、小楯が賀茂郡の国造の下に派遣されたことを伝える（賀毛郡楢原里《ならはらのさと》条玉野《たまの》村）。

したがって、息長命を賀茂郡の山直の祖とする系譜が作られるのは、山部氏による播磨の山林資源の管理がはじまる五世紀末以降ということになる。息長命伝承は、六世紀に入って台頭した継体天皇の支持勢力である息長氏が播磨に入り、加古川河口域を掌握したことによって作られた伝承といえる。

揖保川河口域では、息長帯日売が韓国平定より帰還する途次にこの地に宿り、井戸を開削したので（原文は「御井を闢《は》りき」）、その井戸を針間井《はりまい》と名づけたという伝承が記される（揖保郡荻原里条）。つまりこの井戸は播磨の国名を冠しているわけで、揖保川河口域が播磨を支配するうえで重要な場所であったことが示されている。伝承は続けて、この井戸の水を用いて酒を醸したことを記し、息長帯日売の従者が米をつく女性（米舂女《よねつきめ》と記される）を犯したこと、この地に祭られる神を少足命《すくなたらしのみこと》ということを記す。精米と造酒は、この地の神への奉仕として語られている。米をつく女性は、神に奉仕する存在であろう。この伝承は、息長氏の勢力がこの地の神を祭る地域勢力を服属させ、支配権を掌握したことを述べていると思われる。

揖保川河口域にはこのほかにも、葦原志挙乎命と天日槍命の国占めをめぐる対立の伝承が残されている（『播磨国風土記』揖保郡揖保里条 粒丘《いいぼのおか》）。揖保川河口域の重要性を示す点ではいずれの伝承も同じであるが、興味深いのは、外来勢力を迎える播磨の勢力が、一方は葦原志挙乎命つまり伊和大神という播磨を代表する存在であるのに対して、一方は少足命という、この地にしかみえない地域的神格である点である。このことは、五世紀の外来勢力が接することのできた地域勢力は一国規模の存在にとどまるのに対して、六世紀にはその下部のより小規模な地域勢力を、直接掌握することができるようになったことを示している。加古川河口域で地域の小勢力である伊志治の伝承に息長氏が造作を加えることができたのと同様の事態が、揖保川河口域でも生じていたと考えるのである。

関連する事例を見渡すならば、たとえば飾磨郡では、安相里の石作連《いしつくりのむらじ》が、この地に生えていた蔣《こも》を奪いにやってきた賀茂郡長畝村《ながうねむら》の人と対立し、殺害したという伝承が記される（『播磨国風土記』飾磨郡安相里条長畝川）。安相里は飾磨ミヤケに近く、政治的に重要な地点である。石作連は火明命の後裔と称する継体の支持勢力であるから、播磨からすれば外来勢力と考えてよい。その彼らが賀茂郡長畝村の人と対立し、殺害していることは、息長氏と同様、播磨の政治的拠点を掌握し、そのうえで地域の小勢力を服属させていることをみて取ることができる。

同じ中央の支配権力であるとしても、品太天皇伝承や比古汝茅命に代表される五世紀段階と、息長帯比売に代表される六世紀段階では、地域社会の掌握の仕方には明らかに質的な違いがある。品太天皇の伝承にみえる中央の勢力に対峙するのは、伊和大神や針間国造の祖など、播磨一国を代表する存在であった。このことは、外来の勢力が天日槍命や吉備など、ほかの地域の場合でも変わらない。一方、息長帯比売などの伝承にみえる地域勢力は、里や村といった小規模な勢力である。このことは中央の勢力が、播磨の地域社会をより直接的に掌握するようになったことを示していると考える。

変化したのは、地域社会への影響の度合いだけではない。支配領域の面でも、双方には大きな違いがある。品太天皇伝承と息長氏の伝承が、加古川河口域をはじめとする播磨の政治的結節点に重層的に存在することは先にみた。そのうえで、品太天皇など五世紀の伝承は飾磨、神崎、揖保など当時の播磨の中心域に限られる。ところが息長氏の伝承は、宍粟郡など広域に分布する。継体支持勢力は、その影響力を行使できる領域を拡大することに成功していたと考えることができる。

伝承に反映される政治的関係の重層性

『播磨国風土記』を主な素材として、古代播磨の地域社会がどのように編成されていたのか、また吉備や但馬、それに倭王を中心とする中央の支配権力などの外来の勢力が、播磨とどのようにかかわろうとしたのかを明らかにしようとつとめてきた。『播磨国風土記』に収録された伝承は本来、地名の起源を述べたもので、地域社会の政治的関係や外来の勢力との軋轢を語ろうとしたものではない。しかし意識的に語ったものではないからこそ、これらの伝承を通じてみえる地域社会相互の関係、外来勢力の関係は、歴史的実態の一端を伝えるものとして位置づけることができるだろう。

『播磨国風土記』に記されるさまざまなできごとには、ほかの風土記と同様に、基本的に年代が記されない。時には、たとえば大雀天皇《おおさざぎ》(仁徳天皇)の世、などと天皇の年代を示す場合もあるが、風土記がみずから語る年代は、かならずしも信頼できるものではない。そこで、外来勢力の特徴に着目して、彼らが播磨に影響力を行使できた時期を特定することによって年代のしぼり込みにつとめた。

このような原則を設定する際、五世紀後半には衰退する葛城勢力の播磨侵入が五世紀後半を下限とすることを定点として考えた。葛城勢力の一部は五世紀末以降も残存するが、ひとたびその中枢勢力を粉砕された葛城勢力が、かつてのように広範に各地を支配する力を維持していたとは考えがたい。それに、葛城の衰退の後に、入れ替わるように興隆してくる和珥氏や(比古汝茅の伝承を参照)、息長氏をはじめとする継体天皇支持勢力が播磨の広域に分布することを重くみるべきであろう。神話・伝承の意味を正確に理解するには、このようなテクストの重層性に留意することが重要な意味をもつ。

いずれにしても、倭国中枢の政治的動向の変化は、地域社会と中央支配権力との関係にも大きな影響を与えていたといえる。中央権力が、五世紀代、六世紀初頭までは葛城勢力、和珥氏、息長氏といったように分節的に地域社会に侵入してくる状況や、中央権力と地域社会の接点が、当初は国の代表者にとどまるのが、しだいに村レベルの地域社会の深部に浸透してくる状況などは、中央権力による地域社会の統合過程として、ある程度は一般化できるであろう。

日本列島における国家形成を論じるためには、中央権力と地域社会の関係の五・六世紀における変動の意味を正確に位置づけることがきわめて重要である。本書の最後に、列島社会を広く覆ったこの変化の意味について考えてみたい。

終章　新王統の成立と支配制度の誕生

1　五世紀の支配権力

五世紀の王宮・王族・地域社会

五世紀の王宮と王族、また中央支配権力と地域社会のありようについて、ここまで検討してきたことをふりかえっておきたい。五世紀の王宮は、奈良盆地南部の王宮群（中枢部王宮群）の優位性は確立しているものの、奈良盆地の北部、京都盆地南部および大阪湾岸と広域に分布した（周縁部王宮群）。中枢部と周縁部とを問わず、五世紀の王宮の最大の特徴は防御的性格である。周縁部王宮群が存在する地域に王族の反逆伝承が密着することからすれば、軍事的要因はかならずしも倭国外部の敵に対してではなく、王族たちの関係に内在するものであったといえる。

王族には倭王を出すことのできる中枢王族と、倭王には就任できないものの王族を称することができる周縁王族という複数の集団が存在した。住吉仲王《すみのえのなかつみこ》、鷲住王《わしすみのみこ》、蘆髪蒲見《あしかみのかまみ》別王《わけのみこ》ら、反逆伝承にみえる王族がこれにあたる。周縁王族は大阪湾岸や京都盆地南部に展開する海人集団、および葛城、吉備、紀伊といった有力な勢力によって支えられていた。吉備や葛城、また紀伊の勢力が弾圧される伝承がくり返しみえることは、中枢王族と周縁王族の対立が深刻なものであったことを示している。

葛城、吉備、紀伊の勢力は、婚姻や同族関係による連合関係を結んでおり、大阪湾岸は、彼らが結集する拠点としての性格をそなえていた。このような、半ば自立的な行動が可能だったのは、周縁王族とその支持勢力が朝鮮半島諸国との外交関係を掌握し、鉄をはじめとする先進文物の入手経路を独占していたことに起因する。

このような中央支配権力の分立的状況は、列島の地域社会との関係のもち方にも大きく影響していた。播磨の佐伯直や周防の佐麼県主をはじめとする大阪湾岸から北部九州に至る瀬戸内沿岸の地域社会の勢力は、生産活動の維持のために朝鮮半島から渡来する先進文物の入手に積極的であったが、葛城をはじめとする連合勢力は渡来人の招致と配置を主導することで彼らと結びつき、地域社会に浸透していた。ただ地域社会に対する政権の影響力は、播磨の事例では国や郡規模の社会を代表するような有力者に限定されていた。中央の権力が村のような小さな社会と直接交渉できるようになるのは、六世紀初頭における継体天皇の即位を画期とする、専制的な権力が確立して以降のことである。

このように、地域社会との関係を基軸にして中央支配権力の性格を見渡してみるならば、五世紀までと六世紀以降では相当のちがいがあることになる。端的にいえば、五世紀までの中央支配権力は、王族内部の対立的要素を解消できていない脆弱な基盤の上に成り立っており、それが解消されるのは六世紀以降なのである。

雄略後の混乱

ただ通説的には、五世紀は倭王の権力がかつてなく強化された段階として評価されている。『宋書』に記された倭王武の著名な奏文（四七八年）にみえる、列島の内外を攻略する軍事的な性格や、刀剣の銘文に記されたワカタケル大王の王宮に出仕する武官（杖刀人《じょうとうじん》）や文官（典曹人《てんそうじん》）のすがたは、五世紀後半の政権の拡大を示すと理解されている。考古学からも、四世紀末以降、奈良盆地から大阪湾岸に移った王陵級の前方後円墳が巨大化すること、副葬品に武器・武具類が増え、しかも大量に副葬されることなどから、政権の専制化が指摘されている。

しかし権力の質をはかるうえでより重要なのは、権力を構成する要素の実態を具体的に明らかにすることであろう。『古事記』、『日本書紀』は、たしかに雄略の政権が有力王族や豪族を暴力的に制圧したことを記すが、雄略自身が逝去すると後継者をめぐる問題が一気に表面化し、その基盤の弱さを露呈することになる。吉備出自の星川王の乱は鎮圧されるものの、雄略を継いだ清寧（白髪王）は、后妃も後継者もないままに逝去する。この段階では仁徳系の王族の多くは粛清されており、仁徳系、允恭系共に有力な後継者は残っていなかった。

かわって雄略に殺害された市辺押磐王の妹、忍海郎女《おしぬみのいらつめ》（飯豊青女王《いいどよのあおのひめみこ》などともいう）が政権の座につく。忍海郎女は履中と黒媛の子とされ、黒媛は葛城襲津彦の子、葦田宿禰《あしだのすくね》の子とされる（『古事記』履中天皇段）から、仁徳系と葛城勢力の間に生まれた女王である。忍海郎女を市辺押磐王の娘とする異伝もあるが（『日本書紀』顕宗天皇即位前紀所引「譜第」）、その場合でも、その母、荑媛《はえひめ》は葛城の出自とされるので、大勢は変わらない。ただ『古事記』と『日本書紀』では、忍海郎女の位置づけは微妙に異なっている。『古事記』では、清寧逝去後に天下を統治すべき王が絶え、後継者を探したところ（「天下治《あめがしたしら》すべき王なし。ここに、日継《ひつぎ》所知《しら》せる王を問うに」）、忍海郎女があり、彼女が葛城の忍海高木角刺宮《つのさしのみや》で天下を統治したとする（清寧天皇段）。

一方、『日本書紀』でも彼女の統治は清寧逝去後のこととされるが、清寧の後継者として探し出されたオケ（億計）王・ヲケ（弘計）王兄弟が互いに皇位を譲り合って決着がつかなかったため、その代理として統治を行った（臨朝秉政《みかどまつりごと》）ことが強調されている（顕宗天皇即位前紀清寧天皇五年正月是月条）。『日本書紀』の叙述は、皇位を男系によって継承させようとする立場からのもので、清寧から直接統治の立場を受け継いだとする『古事記』の方が実態を反映しているのであろう。忍海郎女は事実上の倭王であったとみるべきである。

忍海郎女に子の存在は記されない。しかし『古事記』、『日本書紀』、また『播磨国風土記』は、今みたように、雄略天皇によって殺害された市辺押磐王の遺児、億計王、弘計王が潜伏先の播磨の志深《しじみ》（現在の兵庫県三木《みき》市）で見出され、即位する伝承を載せる。このような劇的な話が実際にあったかどうかは明らかではないが、すべてを虚構とみることも適切ではない。少なくとも億計王＝仁賢天皇が実在したことは、億計王のもう一つの名である大脚《おおし》に通じる「曰十大王」の名が癸未（五〇三）年の年紀をもつ和歌山県隅田八幡神社人物画像鏡銘文にみえることから確認できる。このように、允恭系の王統は男系としては絶え、いったん衰退した仁徳系王統と葛城勢力が一時的に復活を遂げることになったのである。しかしこの仁徳系も、やはりほどなく断絶する。

『日本書紀』は、仁賢を継いだ武烈を比類なき暴虐な君主として描く。これは武烈をもって仁徳系の王統の男系が断絶することを必然化するための脚色であり、事実とはいえない。ただ武烈が後継者を定めないままに逝去したことで、六世紀初頭の宮廷は、本当の意味で後継者がいない状況を迎えることになった。仁徳系、允恭系ともに倭王位の継承者はいなかった。五世紀の王統は結局のところ、みずからの力ではその矛盾点を克服することができないままに断絶することになったのである。

支配権力のこのような不安定で流動的な状況からすれば、その頂点に立つ倭王の権力を専制的ということはもはやできないだろう。五世紀の倭国の統治体制は、王族と豪族とがゆるやかに結びつき、両者の境界も時としてあいまいな、共和的ともいえる状態にあった。

2　新たな王統の成立

継体の登場

代わって登場するのが継体天皇（男大迹王《おおどのみこ》）である。『古事記』、『日本書紀』は、継体を応神天皇五世の子孫とするが、その父、彦主人王《ひこうしのみこ》は近江の三尾《みお》（現在の滋賀県高島市《たかしま》）にあり、母の振媛《ふりひめ》は越前の三国《みくに》（現在の福井県坂井市）にあったとする。また『日本書紀』は、即位することのできる後継者がいないため、大伴大連金村《おおとものおおむらじかなむら》らが三国にいた継体を探し出し、即位を要請して迎えたことを記す（『古事記』は近江にあったとする）。

このような特異な即位の経緯から、かつては継体を事実上の新王統の創始者とみる見解が強調されたが、近年ではその陵墓とされる今城塚古墳《いましろづか》（大阪府高槻市《たかつき》）と、近在で先行する太田茶臼山古墳《おおたちゃうすやま》（宮内庁指定の継体陵）との共通性などから、継体とそれまでの王族との結びつきが指摘されることが多い。ただ継体と前王統との関係は決して密接ではない。継

今城塚古墳（大阪府高槻市）かつて歴史地理の天坊幸彦によっていち早く継体陵の可能性が指摘された。近年の発掘調査により、継体陵である可能性がますます高まっている

体の出自が近江と越であることと、彼の婚姻関係による支持基盤が近江、尾張に展開していることを重視するならば、応神五世という彼の系譜はみずからの地位を正当化するための仮託で信頼できず、地域勢力から成長した事実上の新王統とみるべきだろう。

　応神五世という継体に近い系譜が、七世紀の成立とされる「上宮記」に「一云」として引用されているが、そこでは応神の名、ホムタワケ王とあるべきところに凡牟都和希王《ほむつわけのみこ》の名が記されている。かつてはホムツワケとホムタワケを同一人物、つまり応神とみる説もあったが、ツからタへの転訛《てんか》はあり得ないとする批判がすでに出されている。第三章でみたように、ホムツワケとは大和国葛下《かつげ》郡品治郷《ほむちごう》を拠点とするホムチワケ王のことである。事実かどうかは別として、継体は本来、ホムチワケ王五世の子孫とする系譜に位置づけられていたのであり、そもそも応神との関係を有さないのである。

近江出自の后妃は少なくとも四人におよぶが、特筆すべきは、尾張出自の目子媛《めのこひめ》（尾張連草香所生）との間に生まれた二人の息子が、相次いで倭王の地位についていることである（勾大兄王《まがりのおおえのみこ》＝安閑天皇、檜隈高田王《ひのくまのたかだのみこ》＝宣化天皇）。倭王と地域勢力出自の女性の子が倭王になった事例としては、允恭と近江出自とされる忍坂大中姫の子、安康および雄略がある。しかし継体の場合、自身の系譜すら十分な根拠がなかったことからすれば、安閑・宣化の即位は、当時の中央支配権力にとっては空前のできごとであったと考えてよい。

継体は一方で、即位前から中央支配権力の中の実力者としての地位を築いていた。先にみた和歌山県隅田八幡神社蔵の人物画像鏡には、継体にあたる男弟王が忍坂宮（意柴沙加宮。現在の奈良県桜井市）にあった際、百済の武寧王《ぶねいおう》（斯麻《しま》。在位五〇一～五二三年）から贈られた鏡であることが記される。忍坂宮は五世紀前半、允恭天皇の時、その后、忍坂大中姫が居した王宮だが、忍坂大中姫は近江の坂田郡出自とされ、同じ近江を拠点とする継体には由縁のある王宮であった。継体は即位前から奈良盆地の王宮を拠点にできるだけの実力をそなえていたことになる（平野邦雄『大化前代政治過程の研究』）。この時、倭王の地位にあったのは曰十大王、つまり仁賢天皇だが、武寧王はわざわざ一王族にとどまる継体に鏡を贈っているのである。継体は、すでに東アジア国際世界の中で認知される存在に成長を遂げていた。

継体新王統の成立とは、近江を軸に北陸・東海に展開する広域の勢力と、従来の中央支配権力の結合による、それまでにない強力な支配権力の誕生を示すものだったのである。

淀川水系・大阪湾岸の掌握

『日本書紀』は、継体が山背南部の弟国《おとくに》（乙訓。現在の京都府向日《むこう》市、長岡京《ながおかきょう》市付近）と筒城（現在の京都府京田辺《きょうたなべ》市付近）、河内北部の樟葉《くずは》（現在の大阪府枚方《ひらかた》市）に宮を置いたことを記す。乙訓地域にはほぼ時を同じくして東海地域との強い関係をもつ物集女車塚《もずめくるまづか》古墳（京都府向日市）が造られることなどから、これらの王宮の存在は信頼してよい。注目すべきなのは、これらの王宮が木津川や淀川など、淀川水系流域に位置することである。このことは、継体が新たな支持基盤を後ろ盾として、それまでの倭王が果たすことのできなかったこの地域の直接支配をめざしたことを示す。継体に続く安閑天皇の時には、淀川流域の三島（摂津国島上郡、島下郡）を拠点とする三島県主飯粒《みしまのあがたぬしいいぼ》が良田を献上したとする記事があることから（『日本書紀』安閑天皇元〈五三四〉年閏一二月壬午条）、淀川水系の開発が継体の王統に引き継がれたことを示す。

淀川水系の終着点は大阪湾岸である。安閑を継いだ宣化は、后妃の一人を凡河内《おおしこうち》氏から迎える（大河内稚子媛《おおしこうちのわくごひめ》）。凡河内氏は大阪湾岸の広域に影響力をもつ有力な地域勢力であ

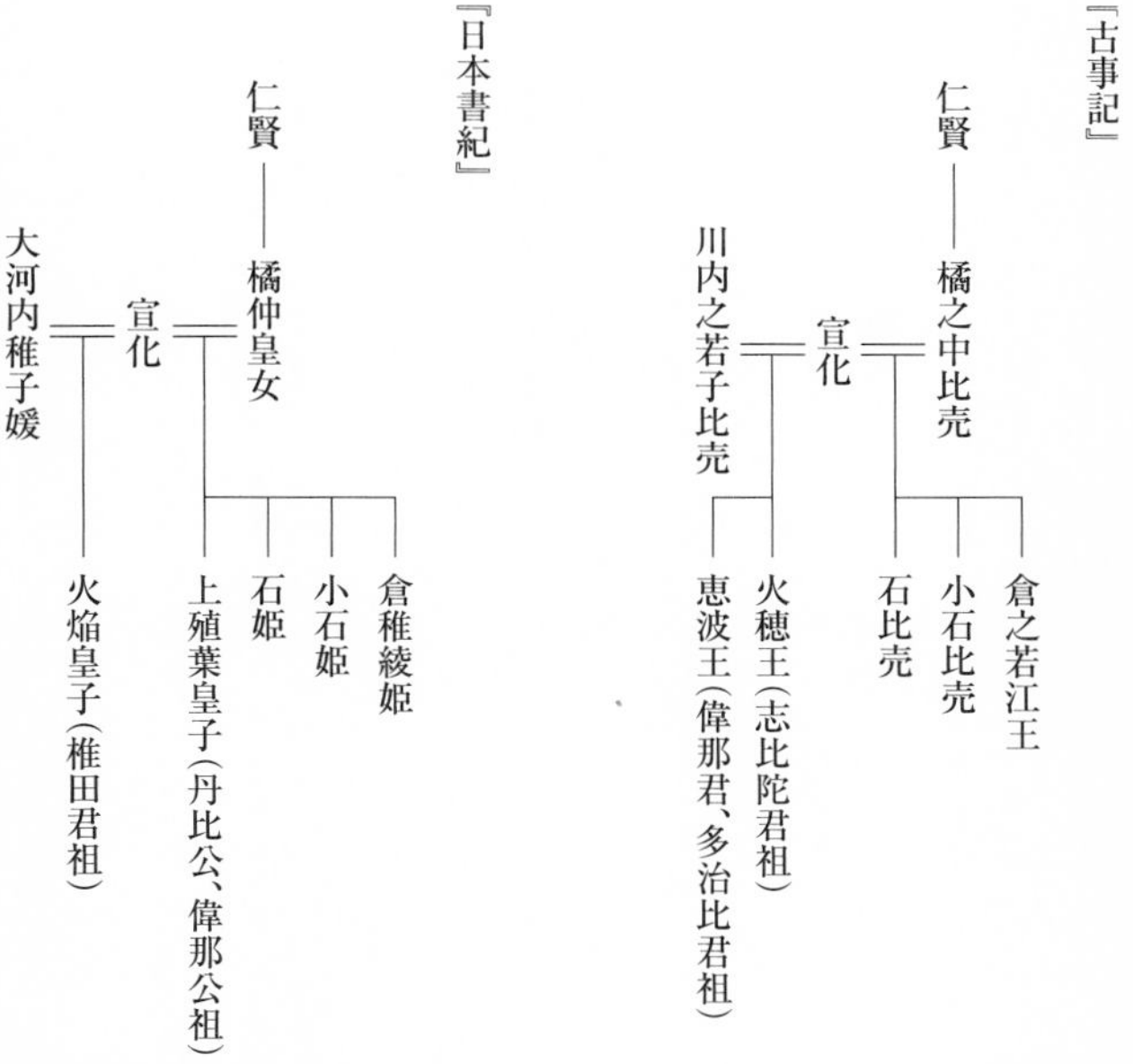

宣化所生王族の系譜

るが、とりわけ淀川水系から大阪湾岸西部に濃密に分布する。凡河内氏との婚姻関係は、宣化にとっては大阪湾岸西部を直接掌握するために必要な政策であった。

　宣化と大河内稚子媛所生の火穂王《ほのほのみこ》は椎田君《しいだのきみ》、恵波王《えはのみこ》は偉《い》那公《なのきみ》と、大阪湾岸西部の猪名川流域を拠点とする勢力との始祖に位置づけられている。凡河内氏との婚姻は、継体にはじまる新王統による大阪湾岸の直接支配をめざした一連の政策として位置づけられる。興味深いことに、琵琶湖東岸から淀川水系、さらに大阪湾岸西部には、物集女車塚古墳や勝福寺《しょうふくじ》古墳（兵庫県川西市）のように、尾張型埴輪という、尾張地域を中心に分布する埴輪が出土する古墳が点在する。継体勢力のこの地への影響は、考古学の研究成果からも裏づけられているのである。

地理的にも政治的にも大阪湾岸の中心といえるのは、難波《なにわ》と住吉《すみのえ》である。難波には海人集団を統率する阿曇《あずみ》氏の拠点があり、住吉にも阿曇氏の神が祭られていたように、難波と住吉は本来、海人集団の拠点であった。難波の地に造られた五世紀最大の巨大倉庫群、法円坂倉庫群（現在の大阪市）は、通説では倭王主導による造営と考えられている。しかし法円坂倉庫群に次ぐ五世紀の倉庫群、鳴滝《なるたき》遺跡（現在の和歌山市善明寺）が紀伊勢力の拠点、紀ノ川河口部に置かれたように、五世紀の支配権力はもともと分権的で、こうした巨大な施設の存在が統一権力の存在を示すとはかならずしもいえない。大阪湾岸の拠点施設に海人集団の関与があったことは、十分に想定できる。

難波に倭王の直接的な支配拠点が設定されたことを確認できるのは、継体天皇六（五一二）年にみえる、百済の使節を迎えた難波館《なにわのむろつみ》である（『日本書紀』同年一二月条）。これは、『日本書紀』の飛鳥時代の記事から、難波に存在した外交の迎接施設と考えられる。これより以前には難波津、難波堀江《ほりえ》などの施設名は登場しても具体的記述を欠いたり、伝承的であったりと、実在性に乏しい。住吉で住吉大神《すみのえのおおがみ》（三神ともいう）を祭る津守氏《つもり》もまた、美濃・尾張出自の勢力と密接にかかわる火明命を祖神とする、新興の継体支持勢力である。

継体即位について、『日本書紀』は、大伴金村らの要請に継体がためらっていたところ、迎えの一行にいた旧知の河内馬飼荒籠《かわちのうまかいのあらこ》に真意をただすことができたため、無事即位にこぎつけたとする伝承を載せる（継体天皇元〈五〇七〉年正月丙寅条）。本来、河内の馬飼集団に伝わった奉仕起源譚と思われるが、彼らの拠点は淀川が大阪平野に流れ出る生駒山系西麓と考えられており、淀川水系と大阪湾岸を掌握するためには不可欠な要衝である。継体と河内馬飼のつながりは事実と考えてよい。

先にみた「上宮記」には、ホムチワケ王と浧俣那加都比古《くいまたなかつひこ》の娘、弟比売麻和加《おとひめまわか》との間に生まれた子から継体（文中では乎富等大公主《おおとのおおきみ》）に至る五代の系譜を記す。クイマタは摂津国住吉郡杭全郷《くまた》（現大阪市東住吉区）にあたると考えられている。事実かどうかはわからないが、継体はその系譜上では、大阪湾岸の地域勢力を祖先に持つことが主張されているのである。

一方のホムチワケ王は、これまでに述べたように大和の葛城を拠点とする、周縁王族に分類できる王族である。じつは継体の母方の拠点、越前国坂井郡の郡司には品治部君氏があり（天平五〈七三三〉年越前国郡稲帳ほか）、さらに「上宮記」と『日本書紀』に母の振媛が継体を養育したという同郡高向《たかむこ》郷にも品治部公氏がいた（天平神護二〈七六六〉年一〇月二一日付越前国司解）。坂井郡には葛木＝葛城氏がいたことも同じ史料から確認できる。しかも葛城氏がいたところが坂井郡海部郷であることからすれば、越前における継体ゆかりの地には、葛城の勢力など大阪湾岸を中心とする周縁王族、およびその支持勢力である海人集団が集中していたことになる。継体は近江または越前にいた頃から河内馬飼や周縁王族など、大阪湾岸の勢力の影響下にあり、大和進出後はその関係を利用して、淀川水系、大阪湾岸の直接掌握に乗り出したのであろう。

地域社会に目を向ければ、播磨に継体の支持勢力が侵入し、地域社会を掌握していたことは『播磨国風土記』の息長伝承や尾張勢力の伝承により確認できる（第五章）。ことは播磨にとどまらない。吉備にも尾張（尾治、尾針）を冠する人びとや神社を多く確認できる。継体とその支持勢力による西日本の掌握は大規模で、包摂される側の地域にとってみれば深刻な事態が進行していたといえる。継体新王統成立の影響は、中央の王族と豪族のみにとどまるものではなく、地域社会にも広く深く浸透していったのである。近江、北陸から東海地域におよぶ広大な支持勢力を獲得し、淀川水系・大阪湾岸の拠点化にも成功した継体とその後継者たちの登場は、新たな王統の成立というにふさわしいものであった。地域社会の直接支配の進展という点でも、継体の王統はそれまでの共和的な統治形態を脱しつつあった。ただそれがどのような統治形態に帰結するのかは、もう少し先の時代まで見通す必要がある。

3 倭王位の世襲化と支配制度の成立

倭王位の安定化

継体逝去に際して、『日本書紀』に引用された「百済本紀」は、日本の天皇、皇太子および皇子が共に薨去《こうきょ》したことを伝える。また『日本書紀』の本文は継体天皇二五（辛亥年＝五三一）年を逝去の年とするが、安閑即位は甲寅（五三四）年とされるので、継体から安閑即位には二年間の空位期間があったことになる。これを重視して、継体後の倭王位をめぐって政治的対立が生じたことを推測する見解がある。

しかし「百済本紀」の記事は伝聞にすぎず、過度に信頼することはできない。この点を考えるうえで興味深いのは、この段階の倭王宮の立地である。『古事記』、『日本書紀』は、継体の大和の王宮を磐余玉穂宮《いわれのたまほのみや》とするが、用いられたことが確実なのは、隅田八幡神社人物画像鏡にみえる忍坂宮である。忍坂宮は伊勢へ通じる交通の要路にあたるが（現在の奈良県桜井市忍阪）、傾斜地の間の狭隘な地であり、その点で五世紀の典型的な王宮といえる。

変化があらわれるのは、安閑の王宮、勾金橋宮《まがりのかなはしのみや》（『古事記』は勾之金箸宮）である。勾大兄王の名をもつその王宮は、大和の高市郡勾の地（現在の奈良県橿原市曲川町付近）にあったと思われる。勾の王宮がそれまでの王宮と異なるのは、盆地内の平坦面に置かれたことである。続く宣化の宮は、その名、檜隈《ひのくま》高田王からすれば檜隈の地にあった可能性が高い。檜隈は飛鳥南部の丘陵地帯に位置し（現在の奈良県明日香村檜前）、平坦地とはいえないが、次の欽明の宮、磯《し》城《き》嶋金刺宮《しまのかなさしのみや》（『古事記』は師木島大宮）、対応する地名から城上郡の磯城島の地に置かれたことが確実である（現在の奈良県桜井市外山付近）。磯城島の地は、平安時代の地名などから奈良盆地東南部の泊瀬川と粟原川《おうばらがわ》に挟まれた地域であり（和田萃「ヤマトと桜井」）、勾の王宮と共に平坦面に位置する。欽明の子、敏達天皇（他田《おさだ》王）の他田宮は、後世の他田庄の存在から、現在の桜井市戒重《かいじゅう》に比定される。この地もまた奈良盆地内部の平坦面にあたる。

継体にはじまる王統は当初、五世紀の伝統的な王宮の地を拠点とするものの、しだいに磐余や長谷、石上などの丘陵地や谷を離れ、奈良盆地内部の平坦部に宮を作るようになっていった。このことは、王族や有力豪族の間の対立の危機が減少していったことを示す。倭王宮のこうしたありようの変化は、継体から欽明、さらには敏達にかけての王統の政策に基本的な変化がなかったことを示す。

一方で、この時期以降、王陵の規模は縮小に向かう。継体陵の可能性が高い今城塚古墳は全長一九〇メートル、続く安閑、宣化陵は不明な点が多いものの、欽明陵と考えられる奈良県五条野《ごじょうの》（見瀬《みせ》）丸山《まるやま》古墳（蘇我稲目墓説もある）は三一八メートル。いずれも同時期の前方後円墳としては列島最大規模だが、百舌鳥・古市古墳群に築かれた、四〇〇メートルを超える規模の前方後円墳はふたたび築かれることがない。河内の磯長谷《しながだに》に築かれた、敏達陵とされる太子西山《たいしにしやま》古墳（奥城《おくつき》古墳）は、全長九三メートルと急激に縮小する。古墳の造営とそこで挙行する葬送儀礼によって倭王の権力を示し、かつ政治的連合関係を確認する時代は終わりに向かい、王宮の壮麗化――それは政治装置化といい換えることもできるだろう――が進展する。時代は明らかに転換期を迎えていた。

蘇我氏の台頭

中央支配権力の安定化をもたらした要因はほかにもある。一つは、蘇我氏の台頭であり、もう一つは、中央と地域のそれぞれにおいて、支配関係の固定化＝制度化が進展したことである。蘇我氏は、宣化天皇の時、蘇我稲目が大臣に任じられたことをきっかけとして急速に興隆する。その出自については、五世紀後半の渡来人とする説や、五世紀後半に衰退する葛城氏の後裔とする説などが出されてきた。しかし渡来人説は信頼度が低く、葛城氏との関係も蘇我氏の権勢が極限に達した七世紀になってから主張されはじめるもので、本来的なものとはいえない。蘇我氏は臣姓をもつが、臣姓の豪族はその拠点を氏の名とする事例が多い。そうであれば、蘇我氏の拠点は大和の高市郡に属する曽我の地（現在の奈良県橿原市曽我町）と考えるのが妥当であろう。

曽我の地が安閑天皇の王宮の地、勾に接していることが注目される。先にみたように、蘇我氏の確実な登場は宣化の時にみえる稲目であるが、安閑と宣化の治世は近く、蘇我氏の興隆が安閑の時にはじまると考えても不自然ではない。宣化の王宮、檜隈もまた蘇我氏の拠点の一つである。蘇我氏の権勢の背景については、王族との間に婚姻を通じて密接な関係を築いたこと、渡来系集団を差配して先進の技術を入手していたこと、葛城氏の遺産をその支配関係も含めて継承したこと、また後にみるミヤケの設置による開発の促進などが指摘されている。とりわけたび重なる王族との婚姻関係が重要であろう。ただ王宮に注目することで、婚姻関係を通じて蘇我氏が得たのは政治的地位にとどまらないことを推定できる。

王宮の継承関係は、王宮の名にちなむ王族名の継承関係を追うことで確認できる（第一章）。六世紀中頃以降、そのあり方に大きな変化が生じる。橘や鷦鷯《さざき》、穴穂、また長谷や額田といった倭王宮や格の高い王宮と密接にかかわる王名が、欽明朝に、軒並み蘇我氏出自の后妃の子の名として用いられるようになるのである。この傾向は欽明以降も続き、軽や宇治の名は欽明の子、敏達治世から、矢田の名は七世紀前半、舒明治世から蘇我系王族の名として利用される。

この傾向を、たんに王族の名の用いられ方が変化したにすぎないと捉えるのは適切ではない。現に、蘇我氏本宗滅亡前後を境に、これらの王名は蘇我系王族の名としてではなく、和珥氏や息長氏、また王族出自の后妃の子の名として用いられるようになる。

このことは、重要性の高い王宮が蘇我氏の興隆にともなってその拠点として吸収され、その衰退・滅亡によってふたたび王族自身やほかの豪族の拠点として用いられることを示している。王宮を掌握するということは、具体的には王宮に仕える人びとや物資を掌握することと直結している。蘇我氏およびその出自の王族は、王宮に集積された人間集団や物資をみずからの資財として利用し権益化することができたと考えられるのである。

安閑の勾宮以来、王宮は倭王位を継承する可能性のある王族によって経営されるようになるという指摘があるが、（仁藤敦史『古代王権と都城』）、一方で蘇我氏による王宮の財産の権益化が同時に進展していたことにも注目する必要があるだろう。それに加えて、地域社会における王権の開発拠点であるミヤケの設置を蘇我氏が主導したことが指摘されている。蘇我氏の経済基盤は、国家的開発の拡大と不可分の関係にあったといえる。

『日本書紀』は、大伴狭手彦《おおとものさでひこ》が高句麗で得た資財を、欽明だけでなく蘇我稲目にも献じたことを記す（欽明天皇二三〈五六二〉年八月条）。蘇我氏は王権の中でその実力と権威を高めていた。蘇我氏による権力の掌握は外戚となること、渡来系集団を掌握することなど、一見、前代の葛城の勢力に取って代わっただけであるかにみえる。しかしそれはたんに葛城勢力の模倣であったのではない。王族と豪族の境界が曖昧な段階にあって、結局王族になりきることができなかった葛城の勢力が衰退するのに対して、蘇我氏は明確に臣下の地位にありながら、王族により密着してその権威と権力を利用して興隆を遂げた。継体にはじまる新王統は、それまでとは異なる、新しい豪族の登場によって支えられていたのである。

国造制・ミヤケ制

六世紀前半を通じて進行したもう一つの重要な事態が、中央支配権力と地域社会の間で結ばれる支配・従属関係の制度化である。継体から欽明に至る過程で、中央では有力な豪族を大臣、大連に任じ、また豪族層の一部を大夫として国政に参加させるなど、支配勢力を官僚として位置づける動きが進む。

一方、地域社会の中に成立した重要な支配制度が、国造とミヤケである。地域社会の有力豪族を任命する国造という官職は、五二七年、北部九州で勃発した磐井の乱を契機として成立するという説が有力である（吉田晶「古代国家の形成」）。国造については、徴税や裁判、行政、祭祀などの広範な権限を有する強大な存在とする見解も根強い。しかしクニノミヤツコのミヤツコとはそもそも、奉仕者をあらわし、針間国造が不敬をはたらいた贖罪として田を献上した伝承（『播磨国風土記』飾磨郡貽和里《いわのさと》条、第五章）、武蔵国造が倭王の援助で内紛を解決したことによってミヤケを献上したとする伝承（『日本書紀』安閑天皇元〈五三四〉年閏一二月是月条）があるように、国造とは倭王に対する服属の見返りとして任じられる官職である点を見落としてはならない。ただその実態は、国規模の広大な地域の名をもつ事例（たとえば播磨や武蔵など）もあれば、郡よりも小規模な郷規模にとどまる地域名をもつ事例（たとえば常陸の道口《みちくちの》岐《き》閇国造《へのくにのみやつこ》）もあるなど、地域社会の支配勢力をとりあえずそのまま認めて国造に任命したという側面も強く、かならずしも斉一的ではなかった。

しかし隋の開皇二〇（六〇〇）年、隋に朝貢した倭国の使者は、官職の一つとして軍尼《くに》があり、一二〇人がそれに任じられていることを述べている（『隋書』東夷伝倭国条）。これが諸国の国造を記した「国造本紀」にみえる国造の数とおおむね一致することから、軍尼は国造にあたると考えられている。六世紀前半に成立した国造制は、七世紀までにはまがりなりにも列島規模で展開する支配制度として定着していたことが認められる。

「ミヤケ」とは、上位者に対する尊称「ミ」と、家宅をさす「ヤケ」からなり、今日では田地、収穫物の収納施設、経営のための施設などを含んだ王権の開発と経営の拠点と理解されることが多い。ここで述べるミヤケとは、およそ六世紀前半以降、地域社会に設定されたものをさす。研究者の間では、「後期ミヤケ」の語で呼ばれることが多い。

この意味での信頼できるミヤケの初見は、先にみた磐井の乱に際して磐井の息子、葛子《くずこ》が献上した糟屋屯倉《かすやのみやけ》とされる（舘野和己「屯倉制の成立」）。国造と同様に、ミヤケもまた地域勢力の大規模な抵抗を排除した後に設定されたとすれば、中央支配権力による地域支配拠点としての意味合いが強い施設といえる。ミヤケの設置については国造の権限を重視する見解もあるが、先にみたようにそれは限定的と捉えた方がよい。むしろ宣化天皇の時に、宣化をはじめ蘇我氏などの有力豪族が地域勢力を動員して、諸国のミヤケの稲穀を博多湾岸の那津官家《なのつのみやけ》に搬送させ（『日本書紀』宣化天皇元〈五三六〉年五月辛丑朔条）、欽明天皇の時には蘇我稲目が吉備に直接出向いて白猪屯倉《しらいのみやけ》を設定しているように（同、欽明天皇一六〈五五五〉年七月壬午条）、蘇我氏を中心とする中央の主導性は明らかであった。

部民制

しかしこれまでに述べてきた、大臣、大連、大夫制や、国造制、ミヤケ制は、いってみれば個別の支配機構にすぎない。六世紀にはこれらを含み込んだ、より包括的な支配機構が成立していた。部民制である。部民制は典型的には人びとを何々部と部姓をつけて編成し、それを中央、地域の伴造《とものみやつこ》と呼ばれる集団が率いて倭王に服属・奉仕を行うという形をとる。部民制の存在を示す確実な最古の史料は、島根県岡田山《おかだやま》一号墳に副葬された大刀に「額田部臣《ぬかたべのおみ》」と記した銘文であり、六世紀後半とされる。ただ部民制は百済の部司制に影響を受けていることが指摘され、その成立が六世紀前後とされることからすれば、六世紀前半には成立していた可能性が高い。

部民制の特徴は、中央・地域の支配勢力や支配機構を構成するあらゆる職務が部姓として編成され得る柔軟性と包括性をそなえたところにある。倭王の下に服属する人びとの奉仕は本来、軍事、貢納、労役など多様である。それを何々部というかたちで特定の職務を表示することで倭王との奉仕関係を明らかにしたところに、部民制の画期的な意義がある。七世紀後半から八世紀初頭にかけて、天皇と奴婢を除くすべての人びとを公民として個別に把握する公民制が成立するまで、部民制はもっとも包括的な支配制度として機能した。

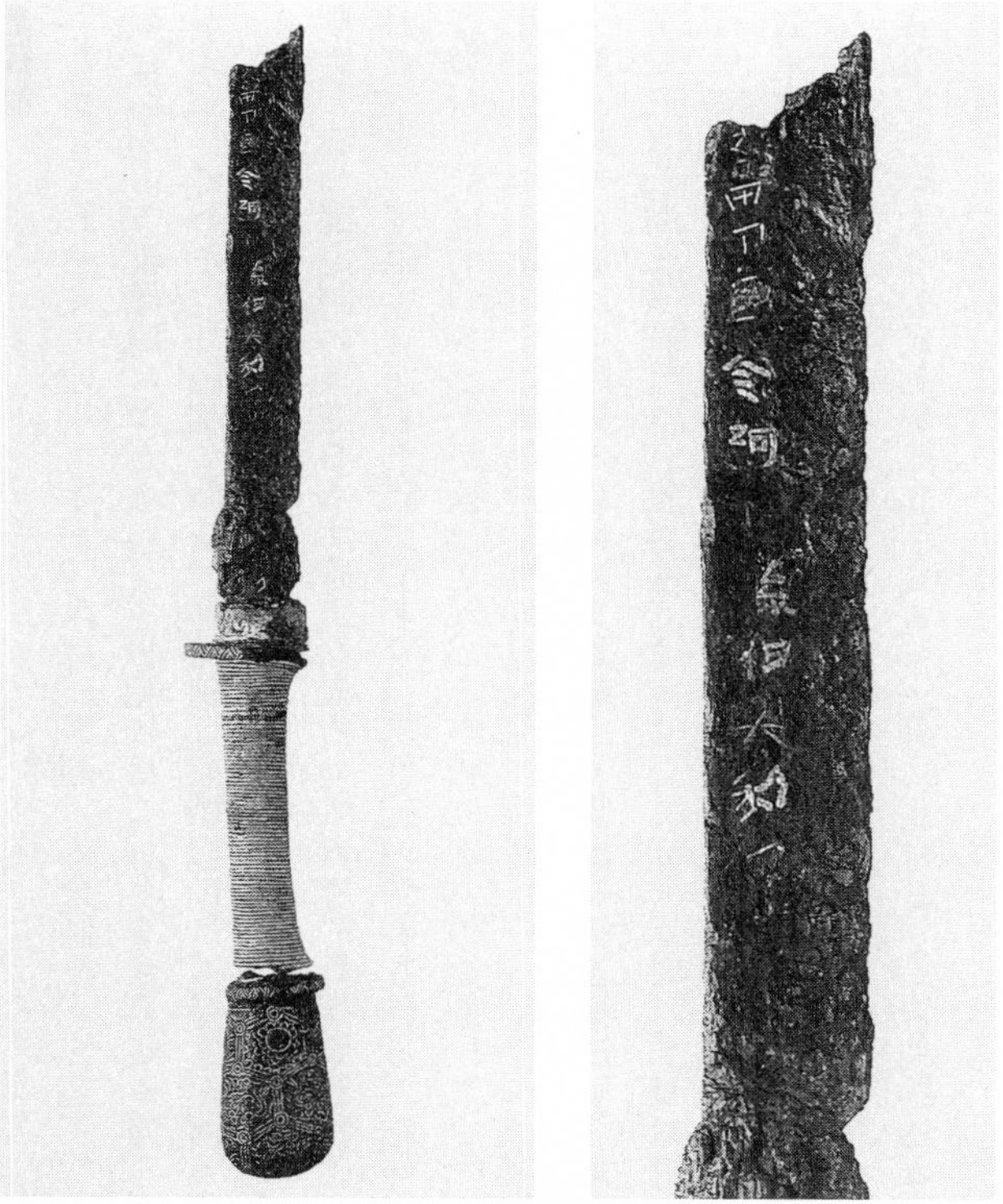

島根県岡田山１号墳出土の鉄刀　現存部分の冒頭に「各（額）田卩（部）臣」と銀象嵌で記されている

部民制を基軸としつつ、六世紀前半の中央と地域社会に導入されたこれらの支配制度によって、倭王を中心とする中央支配権力は、それまでになかった強力な統治体制を築くことができた。五世紀にも支配制度が存在しなかったわけではない。たとえば特定の職務を担う人びとを何々人（たとえば稲荷山古墳出土鉄剣にみえる杖刀人、江田船山古墳出土大刀にみえる典曹人など）として編成する人制があり、全国的には中国の将軍号を有力豪族に授与して将軍府を開かせ、府官を置く府官制という制度が存在した。また少なくとも五世紀以来、倭王や王族に奉仕する人びとを組織するトモ制と呼ばれる制度があったことを重視する見解もある。

しかし六世紀以降とくらべるならば、人びとの組み込み方の徹底の度合い、施行された地域の広がりなど、質量ともにいちじるしい相違があった。五世紀はむしろ、これまでくり返し強調してきたように、制度を通じて人びとが結集する段階ではなく、王宮や古墳などの具体的な場をよりどころとして支配・服属関係が確認された段階であった。人びとを編成し支配する統治機構の存在を国家の指標のひとつとする古典的な理解にしたがうならば、倭国における六世紀は、まさに国家形成の一大画期であったといえる。

4　国際関係の変動と新たな統治体制の構築

朝鮮半島情勢の流動化

日本列島における国家形成の過程をめぐる旅も終わりに近づいてきた。なぜ六世紀を画期と位置づけられるのか。これまでみてきたところにしたがえば、新王統の成立や蘇我氏の台頭、国造制、ミヤケ制、部民制といった新たな支配制度の成立といった重要なできごとが相次いだためといえる。しかしなぜ、これらが時を同じくして起こったのか。この点を考えなければ、六世紀の倭王の権力が専制化したことの意味もまた、十分には説明できないままになってしまう。そのためには、五世紀から六世紀にかけて、倭国を取り巻く国際的な状況がどのような変化を遂げていたのか、そのことと倭国の状況がどうかかわっているのかを検討する必要がある。

五世紀後半、朝鮮半島では諸国間の均衡関係を大きく揺るがす事件が起きていた。百済の一時的滅亡である。四七五年、南下してきた高句麗の攻撃を受け、百済の都、漢城《かんじょう》が陥落し、蓋鹵王《がいろおう》は敗死する。百済は都を熊津に移して再起をはかるが、四七七年、蓋鹵王を継いだ文周王《ぶんしゅうおう》が暗殺され、後を継いだ三斤王《さんきんおう》も二年後に逝去する。さらにその後、三斤王を継いだ東城王《とうじょうおう》(『日本書紀』に末多王と記される)は五〇一年に暗殺されるなど、混乱が続く。一方、四七九年、大加耶は中国・南朝の南斉に使者を派遣するなど、百済の混乱に乗じて自立化の動きを強めてゆく。

五世紀後半の倭国の政治的混乱は、朝鮮半島情勢の流動化と軌を一にするものであった。五世紀の朝鮮半島諸国との交渉を主導した葛城、吉備、紀伊の連合体は、基本的には大加耶および百済と親密な関係を築き、その関係を通じて先進の技術と文化がもたらされていた。朝鮮半島情勢の流動化は、こうした先進技術と文化の安定的な供給が絶たれるという点で、倭国の政治と生産の問題に直結する課題であった。この時期に葛城、吉備、紀伊の連合体が弾圧され、周縁王族が姿を消すことは、彼らを中心とするそれまでの枠組みが機能不全に陥り、近隣諸国との間に新たな関係を再構築することが緊急の課題となっていたことをうかがわせる。

五世紀の外交は朝鮮半島だけでなく、一方で中国の南朝との朝貢関係も存続していた。その目的は列島における倭王を中心とする政治的秩序の構築にあったが、歴代の倭王が朝鮮半島諸国の支配権をくり返し要求したことからすれば、朝鮮半島諸国との交渉を有利に進める意図があったことも確実である。この点についての倭の要求は一時的に認められることもあったが、基本的には成功しなかった。南朝への倭の遣使が四八〇年代には絶えたとみられることからすれば、五世紀後半には周縁王族だけでなく、中枢王族による外交政策も手詰まりな状態を迎えていたといえる。

五〇一年、百済で武寧王が即位し、五〇七年、倭国で継体が即位したことは、それまでの不安定な状況をいったん収束させる可能性をもつものではあった。先にみたように、継体は即位以前に武寧王から鏡を送られるなど（隅田八幡神社人物画像鏡）、百済と独自の外交経路を持つ実力者であったからである。継体治世下の朝鮮半島交渉では、新たに大伴氏や物部氏など倭王への従属度が高い連姓の氏族、また近江毛野《おうみのけぬ》という、近江出自の勢力が加わっている。六世紀の朝鮮半島交渉は、従来の交渉主体の自立性を大きく認める方式とは異なり、倭王直轄の勢力の下に外交経路を集中させたものである。継体は、国力を増した百済との間に新たな関係を構築すべく、その主導性を発揮したのであろう。

しかしそれはかならずしも成功しなかった。任那（『日本書紀』での加耶の表記）に派遣された近江毛野は、倭と加耶の人の間に生まれた子の帰属をめぐる訴訟を裁くにあたり、熱湯に手を投じる神判の一種、クガタチ（盟神探湯）を強制し、また吉備と加耶の人びとの間に生まれたと思われる吉備韓子那多利《きびかのらこのなたり》と斯布利《しふり》を殺害するなどの失政をくり返し（『日本書紀』継体天皇二四〈五三〇〉年九月条）、加耶の人びとの不満を買ったことが伝えられる。加耶には早くから吉備をはじめとする諸勢力が入り込んでおり、現地の人びととの間に親密な関係を作り上げていた。毛野の政策はそれを否定するものであったが、それは結果的に倭と加耶の軋轢を拡大させることにつながった。『日本書紀』では、毛野は失政を指摘されて召喚され、帰国の途中、対馬で病死したことが記される。真偽のほどは不明だが、いずれにしても継体直属の臣下といえる毛野の失敗は、継体の外交路線がただちには成功しなかったことを意味している。

六世紀前半を通じて、新羅の加耶統合は着実に進行する。百済も対抗するが、五三二年、新羅は加耶の有力な構成国であった金海加羅（金官加耶）を統合する。五五四年には百済の聖王（聖明王）が戦死し、新羅の優位は決定的なものとなる。五六二年、新羅は高《こう》霊加羅《れいから》をはじめ、残る加耶諸国の統合に成功する。『日本書紀』はそれを、任那日本府の滅亡として記す。任那日本府について、かつて倭による加耶の統治機関とする説や、逆に加耶による倭の統治機関とする説などもあったが、今日では加耶における倭の権益を維持するための協議機関とみる説が有力である。加耶の滅亡によって、朝鮮半島における倭の権益は決定的な損失を蒙ることになった。くり返し述べてきたように、倭にとってそれは鉄をはじめとする先進の技術と文化の安定的な供給源を失うことを意味する。それは倭の統治体制の維持にかかわる大問題であった。

こうしてみると、部民制や国造制、ミヤケ制といった専制的統治体制が成立する過程が、朝鮮半島における倭の利権の喪失の過程と対応していることに、あらためて目を向ける必要がある。部民制を通じての倭王の専権の確立、および国造制やミヤケ制による地域支配の安定化とは、倭王の下にいわば総がかりの軍事と開発の体制を作り上げる、専制化のはじまりだったのである。六世紀前半は、倭王がそれまでの共和的な、同輩中の第一人者（プリムス・インテル・パーレス）の地位を脱し、専制君主へと変貌を遂げる大転換の時期と評価できる。

こうした体制作りは、継体にはじまる新王統と、それを支えた蘇我氏によって推進される。継体の後、安閑、宣化と二代続いた尾張連出自の倭王が逝去すると、仁賢の娘、手白香女王を母とする欽明が即位する。新たな勢力と仁徳以来の王統が結ばれ、以後、倭王の地位は確実に血縁によって世襲されるようになる。

倭王を中心とする専制的な体制の確立は、一方で中央の有力豪族の内部に、また地域社会に深刻な分断をもたらすことになったであろう。倭王を支える蘇我氏の権勢は拡大するが、倭王の身近に仕える物部氏との対立が激化し、その本宗は六世紀後半に滅亡する。また蘇我氏出自の倭王、崇峻《すしゅん》が蘇我馬子《そがのうまこ》氏によって謀殺されるなど、倭王位をめぐる情勢はしだいに混迷を深める。敏達の後、倭王位を継いだ用明、崇峻の王宮はふたたび丘陵地の磐余、倉橋に営まれる（倉梯宮《くらはしのみや》）。蘇我氏の王族の身内化といってもよいほどの興隆は、支配体制の安定化をもたらす一方、支配層の内部に宥和しがたい対立状況を招いていた。

仏教の導入と展開

百済から倭に仏教がもたらされたのは、このような厳しい分断が進むさなかのことである。仏教が正式に伝わった年代については、『日本書紀』が記す五五二年説と『元興寺伽藍縁起《がんごうじがらんえんぎ》 幷《ならびに》 流記資財帳《るきしざいちょう》』をはじめとする仏教関係の史料が記す五三八年説がある。いずれにしても、欽明天皇一五（五五四）年、百済から派遣された僧の交替記事がみえるので（『日本書紀』同年正月条）、この頃までは、仏教が倭国の宮廷に受容されていたことがわかる。

倭が受容した仏教はインドから中国を経由した大乗仏教である。大乗仏教の教えの根幹は、人間に限らず動植物すべての存在に仏性を見出し、彼岸に到達できることを説いたところにある（『法華経』〈『妙法蓮華経』〉）。この救済の論理は、厳しい生存環境と地域社会の秩序の制約下に置かれていた列島社会の人びとにとって大きな魅力をもっていた。ただ一方で、仏教が君主と臣下の統合を促進した側面にも目を向ける必要がある。南北朝時代の中国の仏教には、父母と祖霊への報恩を通じて君主への奉仕を誓願するという統合の論理が存在し、法会や造仏を通じてその論理が拡大されていた。倭が受容した仏教とは、高度に政治化された支配論理としての仏教であり、倭王の専制化をより本格的に下支えする役割を果たしたといえる。『日本書紀』や『元興寺伽藍縁起并流記資財帳』は、仏教の受容をめぐって倭の支配層に分裂が生じたことを記す。しかしこうした矛盾をも克服するための新たな君臣統合の論理として、仏教は決定的に重要な役割を果たしたのである。

崇峻天皇元（五八八）年に造営がはじめられた飛鳥寺《あすかでら》（法興寺《ほうこうじ》）は、列島社会における初の本格的な寺院である。その完成に際して、すべての氏の人びとは四月八日の仏誕会と、七月一五日の盂蘭盆会《うらぼんえ》に寺院に会集すべきことが定められた。この二つの日に行われる法会こそ、祖霊祭祀と共に君主への報恩を誓願する重要な機会であった（古市晃『日本古代王権の支配論理』）。飛鳥寺をはじめ、各地に造営される寺院は、それを造営するのに力のあった豪族の寺院というだけでなく、倭王に対する人びとの奉仕を誓約する場として機能したのである。

仏教のこうした機能は、王宮やミヤケのような支配拠点の構造とも密接に結びついていた。那津官家の可能性が高い博多湾岸の比恵・那珂遺跡群、吉備の白猪屯倉との関係が指摘される津寺遺跡、また難波屯倉推定地の難波宮下層遺跡からは、六世紀後半から七世紀初頭という、列島最古段階の瓦が出土しており、仏教施設が存在した可能性が高い。推古天皇一一（六〇三）年に造営された推古の王宮、小墾田宮《おはりだのみや》の南門の前には、仏教世界の中心にそびえる想像上の山岳、須弥山《しゅみせん》をかたどった石造物が設置されていた（『日本書紀』推古天皇二〇〈六一二〉年是歳条）。一九〇二年、現在の奈良県明日香村石神の地で出土した、いわゆる須弥山石がこれにあたると考えられる。

小墾田宮は、その構造をある程度具体的に知ることのできる最初の王宮であり、藤原宮以降の都城の原形として評価されることが多い。しかしそれは、一方で仏教的要素の濃厚な王宮として独自の性格をそなえていた。飛鳥寺や小墾田宮の成立は、七世紀に至って倭の支配権力が古墳での葬送儀礼を君臣関係確認の場とする段階から脱却し、仏教にもとづく君臣関係を取り入れたことを示す。それは部民制的な縦割りの支配関係に分断された君臣関係を融合し、倭王のもとに一元的に結集した「王民」を創出する、新たな支配論理発出の場であった。

中国から朝鮮半島諸国を経て律令法を導入することで、列島の人びとを戸籍によって編成・管理し、性別や年齢によって負担を課す公民制が成立するのは、さらに七世紀後半の天智朝を経て、天武・持統朝のことである。倭王の称号は中国から認められる王号としての性格をもっていたが、それはもはや用いられず、中国の皇帝を頂点とする階層から自立した独自の称号として、天皇号が採用された。大嘗祭などの新たな即位儀礼が整備され、天皇の地位の隔絶化がめざされる。奈良盆地の広大な平坦面を用いて、中国の皇帝の居所を模し、それまでの王宮とは隔絶した規模の都づくりがはじまる。天上界＝高天原《たかまがはら》の神々の子孫として位置づけられ、万世一系を自明とする天皇の登場は、天皇を頂点とする中央支配権力による統治が、それまでとは次元の異なる、新たな専制化の段階に入ったことを告げるものであった。

あとがき

人類の長い歴史の中で、国家がどのように生まれてくるのかを考えることは、古代史研究ならではの醍醐味である。ただ国家はある日突然できあがるものではなく、時として数世紀に及ぶ長期の形成過程を経て成立するものである。かつては社会科学の国家概念を援用し、その基準にあてはまる国家がどの段階で成立するのかを考える研究がさかんに行われていた。国家を厳密に定義することはもちろん重要だが、一方で定義が過度に厳格化することで、国家論としては精緻になりながらも社会との関係が乖離《かいり》したり、国家以前の社会のありようへの関心が低下するなどの問題も生じてくる。歴史学から国家の成立を論じる際に忘れてはならないのは、今さらとの批判もあるかもしれないが、国家が社会の中から生まれながらその上に立ち、やがて社会から疎外される権力にまで成長すること（エンゲルス『家族・私有財産および国家の起源』）の意味を問うことだと思うのである。

そうであるならば、まず検討すべきなのは、国家がどの段階で成立したかを論じることよりも、倭人社会の中から国家がどのような過程を経て成立してくるのか、その形成過程そのものということになるだろう。その過程の中で、社会を統治する王と中央の豪族たちがどのように権力を集中させていくのか、また人間の日常的な営為の場である地域社会はどのように権力と関わることになるのか、それを倭国の歴史に即して明らかにしようと試みたのが本書である。副題を、「古代国家への道」とした所以である。なお先年、専門書として『国家形成期の王宮と地域社会——記紀・風土記の再解釈』（塙書房、二〇一九年）を刊行しているが、本書はそれを踏まえつつ、その後の知見を加えて新たに書き下ろしたものである。あわせて参照していただければ幸いである。

本書は一般読者向けであることから、研究状況のくわしい説明や込み入った史料解釈等はなるべく避けた。ただ根拠となる史料の存在や、検討の過程などについては、煩瑣《はんさ》にならない程度に紹介するように心がけた。新書という一般に開かれた媒体であればこそ、読者が検討の過程をたどることができるように叙述することが、書物を通じて著者と読者が「対話」することにつながると考えたからである。

二一世紀前半の今日、インターネットやソーシャル・ネットワーク・サービス（SNS）の普及により、「知」をめぐる環境は大きく様変わりした。データベースなどの知的資源の利用の垣根が低くなった反面、あふれかえる情報の中から自身に都合のよい情報のみを選択してものごとを判断する、一種の知的退潮の傾向が生じていることは、広く論じられているとおりだろう。こうした傾向が、政治・社会の幅広い局面に蔓延《まんえん》し、人びとの間に深刻な分断を招いていることが憂慮されるのである。二〇二〇年前半以来、今日に至るまで続く新型コロナウィルスの感染拡大をめぐる政策や、東京オリンピック・パラリンピックの延期と開催をめぐる一連の経緯が市民のきびしい批判にさらされているのも、根本的には科学的知見に基づいた対策、および市民との対話が軽視されてきたことにあるのではないか。

科学的知見の重視と市民との対話の重視とは、考えてみれば戦後民主主義の理念に近い。戦後民主主義がさまざまな点で問題を内包していたことは、男女格差や性的少数者、また一部の外国人に対する不当な差別の存在から明らかである。科学的知見にしても、軍事技術への応用などの複雑な問題をみれば、一筋縄では行きそうにもない。ただそうであるにしても、深く分断されているようにみえる社会の連帯を取り戻そう、あるいは創ろうとする立場に立つならば、私たちはいまだ十分ではないこの二つの理念の実体化をめざして、模索を続けるしかないように思うのである。身のほど知らずを承知のうえでいえば、本書はそのささやかな——本当にささやかな——試みの一つと思っている。

本書の刊行は、講談社現代新書編集部の山崎比呂志氏に執筆をお誘いいただいたことに端を発している。もういつのことになるか、正確には思い出せないのだが、筆者の文字どおりの小文に目をとめてくださってのことだったと記憶している。まだ四〇代前半で、承諾する勇気はとてもなかったのだが、打ち合せを重ねる中で、倭国の国家形成についてならいてみたい、と思うようになった。ただ日常雑事にかまけ、いたずらに年月を重ねていたところ、山崎氏から、引き続き編集部に所属はするが、いったん定年で退職する、との連絡があった。これはいけない、と思い、何とか完成に漕ぎ着けたというのがこの間の経緯である。打ち合せやメールを通じて、山崎氏からは一般読者向けにわかりやすく意図を伝えるための文章について多くの示唆を得た。もし本書が多少なりとも読みやすいものになっているとすれば、それは山崎氏の薫陶の賜物である。

また神戸大学大学院人文学研究科院生の伊藤あすか・田中昇一・篠昌志の諸氏には、原稿に目を通していただき、いくつかの誤りを指摘していただいた。もう一〇年近く、大学院の史料講読では『日本書紀』を取り上げてきた。院生諸氏の報告を聞くことで、一人では気づかない新たな史料解釈の可能性に思い至ることも多い。その成果のいくばくかは、本書にも反映できたものと思う。その意味では、本書は院生諸氏との「対話」の産物ともいえるだろう。新しい刺激を与え続けてくれる彼らに感謝したい。

いうまでもないことであるが、本書は、参考文献に挙げた研究成果のほかにも、多くの先行研究や同学諸氏の学恩を受けてなったものである。個別のお名前を挙げることはひかえるが、あらためて謝意を表したい。

最後に、私事で恐縮であるが、両親と義母、妻と二人の子どもにも感謝したい。
本書を、昨夏、世を去った義父にささげる。

二〇二一年　盛夏

奈良・高畑にて

古市　晃

参考文献

序章

今津勝紀『戸籍が語る古代の家族』吉川弘文館、二〇一九年。

三中信宏『系統樹思考の世界——すべてはツリーとともに』講談社現代新書、二〇〇六年。

吉田晶『卑弥呼の時代』吉川弘文館、二〇二〇年、初出一九九五年。

吉田晶『倭王権の時代』新日本新書、一九九八年。

米盛裕二『アブダクション——仮説と発見の論理』勁草書房、二〇〇七年。

第一章

小澤毅『日本古代宮都構造の研究』青木書店、二〇〇三年。

狩野久「部民制」、同『日本古代の国家と都城』東京大学出版会、一九九〇年、初出一九七〇年。

亀田博『日韓古代宮都の研究』学生社、二〇〇〇年。

北村優季「記紀にみえる日本古代の宮号」『山形大学歴史・地理・人類学論集』四、二〇〇三年。

鬼頭清明「磐余の諸宮とその前後」山中一郎他『古代の日本五　近畿一』角川書店、一九九二年。

磯城・磐余の諸宮調査会『脇本遺跡の調査』磯城・磐余の諸宮調査会、二〇一九年。

長山泰孝「猪名県と為奈真人」、同『古代国家と王権』吉川弘文館、一九九二年、初出一九七二年。

奈良県立橿原考古学研究所『奈良県文化財調査報告書一二二　極楽寺ヒビキ遺跡』奈良県立橿原考古学研究所、二〇〇七年。

奈良県立橿原考古学研究所『奈良県立橿原考古学研究所調査報告一〇九　脇本遺跡　一』奈良県立橿原考古学研究

所、二〇一一年。

野田嶺志「物部氏に関する基礎的考察」『史林』五一―二、一九六八年。

松前健「石上神宮と神話伝承」神道大系編纂会『神道大系』月報九〇、一九八九年。

横田健一『日本古代神話と氏族伝承』塙書房、一九八二年。

和田萃「殯の基礎的考察」、同『日本古代の儀礼と祭祀・信仰』上、塙書房、一九九五年、初出一九六九年。

第二章

石母田正『日本の古代国家』岩波文庫、二〇一七年、初出一九七一年。

市原市教育委員会他『「王賜」銘鉄剣概報――千葉県市原市稲荷台1号墳出土』吉川弘文館、一九八八年。

岡田精司「国生み神話について」、同『古代王権の祭祀と神話』塙書房、一九七〇年、初出一九五六年。

川口勝康「五世紀の大王と王統譜を探る」、同他『巨大古墳と倭の五王』青木書店、一九八一年。

神田秀夫『古事記の構造』明治書院、一九五九年。

城戸毅「バラ戦争」林健太郎他編『世界の戦史』四、人物往来社、一九六六年。

鷺森浩幸「名代日下部の成立と展開」『市大日本史』三、二〇〇〇年。

佐藤彰一「フランク王国」柴田三千雄他『世界歴史大系　フランス史一――先史～一五世紀』山川出版社、一九九五年。

武田幸男「平西将軍・倭隋の解釈――五世紀の倭国政権にふれて」『朝鮮学報』七七、一九七五年。

都出比呂志『前方後円墳と社会』塙書房、二〇〇五年。

藤間生大『倭の五王』岩波新書、一九六八年。

直木孝次郎「古代の淡路と大和朝廷」、同『飛鳥奈良時代の研究』塙書房、一九七五年、初出一九七〇年。

直木孝次郎『古代河内政権の研究』塙書房、二〇〇五年。

仲野安雄『重修淡路常磐草』臨川書店、一九九八年、一七三〇年開板。

山尾幸久『古代の日朝関係』塙書房、一九八九年。

義江明子『日本古代系譜様式論』吉川弘文館、二〇〇〇年。

吉田晶『七支刀の謎を解く――四世紀後半の百済と倭』新日本出版社、二〇〇一年。

第三章

青木紀元『日本神話の基礎的研究』風間書房、一九七〇年。

井上光貞「帝紀からみた葛城氏」、同『日本古代国家の研究』岩波書店、一九六五年、初出一九五六年。

川副武胤『古事記』至文堂、一九六六年。

熊谷公男『日本の歴史三　大王から天皇へ』講談社学術文庫、二〇〇八年、初出二〇〇一年。

栄原永遠男「和泉南部地域と紀伊」、同『紀伊古代史研究』思文閣出版、二〇〇四年、初出二〇〇一年。

白石太一郎「畿内における大型古墳群の消長」、同『古墳と古墳群の研究』塙書房、二〇〇〇年、初出一九六九年。

白石太一郎『日本史リブレット四　古墳とその時代』山川出版社、二〇〇一年。

清家章「『埋葬からみた古墳時代――女性・親族・王権』吉川弘文館、二〇一八年。

薗田香融「古代海上交通と紀伊の水軍」、同『日本古代の貴族と地方豪族』塙書房、一九九二年、初出一九七〇年。

高嶋弘志「出雲国造の成立と展開」瀧音能之編『古代王権と交流七　出雲世界と古代の山陰』名著出版、一九九五年。

直木孝次郎『古代河内政権の研究』塙書房、二〇〇五年。

中林隆之「古代和泉地域と上毛野系氏族」『和泉市史紀要一一　古代和泉郡の歴史的展開』二〇〇六年。

西田長男「『神社』という語の起源そのほか」、同『日本神道史研究八　神社編（上）』講談社、一九七八年、初出一九七四・七五年。

西宮秀紀「葛木鴨（神社）の名称について」、同『律令国家と神祇祭祀制度の研究』塙書房、二〇〇四年、初出一九九一年。

坂靖・青柳泰介『シリーズ「遺跡を学ぶ」〇七九　葛城の王都　南郷遺跡群』新泉社、二〇一一年。

福永伸哉「対半島交渉から見た古墳時代倭政権の性格」、同『三角縁神獣鏡の研究』大阪大学出版会、二〇〇五年、初出一九九八年。

山尾幸久『日本古代王権形成史論』岩波書店、一九八三年。

山田暁・岸本直文「淡輪ニサンザイ古墳（宇度墓）の発掘調査見学報告」『ヒストリア』二四八、二〇一五年。

吉井巌「応神天皇の周辺」、同『天皇の系譜と神話　一』塙書房、一九六七年、初出同じ。

吉井巌「ホムツワケ王──崇神王朝の後継者像」、同『天皇の系譜と神話　二』塙書房、一九七六年、初出一九七〇年。

吉田晶『吉備古代史の展開』塙書房、一九九五年。

第四章

井上辰雄「地方豪族の歴史的性格──水間君をめぐる諸問題」『日本歴史』二八〇、一九七一年。

加藤謙吉『大和の豪族と渡来人──葛城・蘇我氏と大伴・物部氏』吉川弘文館、二〇〇二年。

亀井輝一郎「古代の宗像氏と宗像信仰」世界遺産推進会議編『「宗像・沖ノ島と関連遺産群」研究報告』一、プレック研究所、二〇一一年。

岸俊男「紀氏に関する一試論」、同『日本古代政治史研究』塙書房、一九七四年、初出一九六二年。

栄原永遠男「和泉南部地域と紀伊」、同『紀伊古代史研究』思文閣出版、二〇〇四年、初出二〇〇一年。

薗田香融「古代海上交通と紀伊の水軍」、同『日本古代の貴族と地方豪族』塙書房、一九九二年、初出一九七〇年。

福島好和「『播磨国風土記』にみえる渡来系氏族の動向──桑原村主氏を事例として」『関西学院史学』二三、一九九〇年。

松原弘宣『古代瀬戸内の地域社会』同成社、二〇〇八年。

横田健一「大化前代の播磨」、同『日本古代神話と氏族伝承』塙書房、一九八二年、初出一九五九年。

吉田晶「吉備氏伝承に関する基礎的考察」、同前掲『吉備古代史の展開』、初出一九八三年。

第五章

今津勝紀「既多寺大智度論と針間国造」栄原永遠男他『律令国家史論集』塙書房、二〇一〇年。

門脇禎二「銘文鉄刀の発見と古代但馬」、同『日本海域の古代史』東京大学出版会、一九八六年、初出一九八五年。

坂江渉「『国占め』神話の歴史的前提」、同『日本古代国家の農民規範と地域社会』思文閣出版、二〇一六年、初出二〇一三年。

鷺森浩幸「『播磨国風土記』に見える枚方里の開発伝承」、同『日本古代の王家・寺院と所領』塙書房、二〇〇一年、初出一九九一年。

中林隆之「石作氏の配置とその前提」『日本歴史』七五一、二〇一〇年。

仁藤敦史「『斑鳩宮』の経済的基盤」、同『古代王権と都城』吉川弘文館、一九九八年、初出一九八七年。

横田健一「天之日矛伝説の一考察――神宝関係記事を中心として」、同前掲『日本古代神話と氏族伝承』、初出一九六二年。

終章

熊谷公男「蘇我氏の登場」吉村武彦編『古代を考える　継体・欽明朝と仏教伝来』吉川弘文館、一九九九年。

鈴木靖民『倭国史の展開と東アジア』岩波書店、二〇一二年。

舘野和己「屯倉制の成立」『日本史研究』一九〇、一九七八年。

仁藤敦史『古代王権と都城』吉川弘文館、一九九八年。

仁藤敦史『古代王権と支配構造』吉川弘文館、二〇一二年。

平野邦雄『大化前代政治過程の研究』吉川弘文館、一九八五年。

古市晃『日本古代王権の支配論理』塙書房、二〇〇九年。

森公章「国造制と屯倉制」『岩波講座日本歴史第二巻　古代二』岩波書店、二〇一四年。

山尾幸久『日本古代王権形成史論』岩波書店、一九八三年。

吉田晶「古代国家の形成」『岩波講座日本歴史二　古代二』岩波書店、一九七五年。

吉田晶『古代日本の国家形成』新日本出版社、二〇〇五年。

和田萃「ヤマトと桜井」『桜井市史』上、一九七九年。

講談社現代新書　2634

倭国《わこく》　古代国家《こだいこっか》への道《みち》

二〇二一年九月二〇日第一刷発行

著　者　古市《ふるいち》　晃《あきら》　

発行者　鈴木章一

発行所　株式会社講談社
東京都文京区音羽二丁目一二―二一　郵便番号一一二―八〇〇一
電　話　〇三―五三九五―三五二一　編集（現代新書）
〇三―五三九五―四四一五　販売
〇三―五三九五―三六一五　業務

装幀者　中島英樹

印刷所　株式会社新藤慶昌堂

製本所　株式会社国宝社

定価はカバーに表示してあります　Printed in Japan

N.D.C. 210.3　273p　18cm
ISBN978-4-06-525791-3

「講談社現代新書」の刊行にあたって

教養は万人が身をもって養い創造すべきものであって、一部の専門家の占有物として、ただ一方的に人々の手もとに配布され伝達されうるものではありません。

しかし、不幸にしてわが国の現状では、教養の重要な養いとなるべき書物は、ほとんど講壇からの天下りや単なる解説に終始し、知識技術を真剣に希求する青少年・学生・一般民衆の根本的な疑問や興味は、けっして十分に答えられ、解きほぐされ、手引きされることがありません。万人の内奥から発した真正の教養への芽ばえが、こうして放置され、むなしく滅びさる運命にゆだねられているのです。

このことは、中・高校だけで教育をおわる人々の成長をはばんでいるだけでなく、大学に進んだり、インテリと目されたりする人々の精神力の健康さえもむしばみ、わが国の文化の実質をまことに脆弱なものにしています。単なる博識以上の根強い思索力・判断力、および確かな技術にささえられた教養を必要とする日本の将来にとって、これは真剣に憂慮されなければならない事態であるといわなければなりません。

わたしたちの「講談社現代新書」は、この事態の克服を意図して計画されたものです。これによってわたしたちは、講壇からの天下りでもなく、単なる解説書でもない、もっぱら万人の魂に生ずる初発的かつ根本的な問題をとらえ、掘り起こし、手引きし、しかも最新の知識への展望を万人に確立させる書物を、新しく世の中に送り出したいと念願しています。

わたしたちは、創業以来民衆を対象とする啓蒙の仕事に専心してきた講談社にとって、これこそもっともふさわしい課題であり、伝統ある出版社としての義務でもあると考えているのです。

一九六四年四月　野間省一

日本史Ⅰ

1258 身分差別社会の真実——斎藤洋一 大石慎三郎
1265 七三一部隊——常石敬一
1292 日光東照宮の謎——高藤晴俊
1322 藤原氏千年——朧谷寿
1379 白村江——遠山美都男
1394 参勤交代——山本博文
1414 謎とき日本近現代史 野島博之
1599 戦争の日本近現代史 加藤陽子
1648 天皇と日本の起源 遠山美都男
1680 鉄道ひとつばなし——原武史
1702 日本史の考え方——石川晶康
1707 参謀本部と陸軍大学校 黒野耐
1797 「特攻」と日本人——保阪正康
1885 鉄道ひとつばなし2——原武史
1900 日中戦争——小林英夫
1918 日本人はなぜキツネにだまされなくなったのか 内山節
1924 東京裁判——日暮吉延
1931 幕臣たちの明治維新 安藤優一郎
1971 歴史と外交——東郷和彦
1982 皇軍兵士の日常生活 一ノ瀬俊也
2031 明治維新 1858-1881 坂野潤治 大野健一
2040 中世を道から読む——齋藤慎一
2089 占いと中世人——菅原正子
2095 鉄道ひとつばなし3——原武史
2098 戦前昭和の社会 1926-1945——井上寿一
2106 戦国誕生——渡邊大門
2109 「神道」の虚像と実像 井上寛司
2152 鉄道と国家——小牟田哲彦
2154 邪馬台国をとらえなおす——大塚初重
2190 戦前日本の安全保障——川田稔
2192 江戸の小判ゲーム——山室恭子
2196 藤原道長の日常生活 倉本一宏
2202 西郷隆盛と明治維新 坂野潤治
2248 城を攻める 城を守る——伊東潤
2272 昭和陸軍全史1——川田稔
2278 織田信長〈天下人〉の実像 金子拓
2284 ヌードと愛国——池川玲子
2299 日本海軍と政治——手嶋泰伸

Ⓖ

日本史Ⅱ

世界史Ⅰ

834 ユダヤ人――上田和夫
930 フリーメイソン――吉村正和
934 大英帝国――長島伸一
968 ローマはなぜ滅んだか 弓削達
1017 ハプスブルク家――江村洋
1019 動物裁判――池上俊一
1076 デパートを発明した夫婦 鹿島茂
1080 ユダヤ人とドイツ――大澤武男
1088 ヨーロッパ「近代」の終焉――山本雅男
1097 オスマン帝国――鈴木董
1151 ハプスブルク家の女たち 江村洋
1249 ヒトラーとユダヤ人 大澤武男
1252 ロスチャイルド家 横山三四郎
1282 戦うハプスブルク家 菊池良生
1283 イギリス王室物語――小林章夫
1321 聖書vs.世界史――岡崎勝世
1442 メディチ家――森田義之
1470 中世シチリア王国――高山博
1486 エリザベスⅠ世――青木道彦
1572 ユダヤ人とローマ帝国 大澤武男
1587 傭兵の二千年史――菊池良生
1664 新書ヨーロッパ史 中世篇 堀越孝一 編
1673 神聖ローマ帝国――菊池良生
1687 世界史とヨーロッパ 岡崎勝世
1705 魔女とカルトのドイツ史――浜本隆志
1712 宗教改革の真実――永田諒一
2005 カペー朝――佐藤賢一
2070 イギリス近代史講義――川北稔
2096 モーツァルトを「造った」男――小宮正安
2281 ヴァロワ朝――佐藤賢一
2316 ナチスの財宝――篠田航一
2318 ヒトラーとナチ・ドイツ 石田勇治
2442 ハプスブルク帝国――岩﨑周一

世界史Ⅱ

959 東インド会社――浅田實
971 文化大革命――矢吹晋
1085 アラブとイスラエル 高橋和夫
1099 「民族」で読むアメリカ 野村達朗
1231 キング牧師とマルコムX 上坂昇
1306 モンゴル帝国の興亡〈上〉――杉山正明
1307 モンゴル帝国の興亡〈下〉――杉山正明
1366 新書アフリカ史――宮本正興 松田素二 編
1588 現代アラブの社会思想 池内恵
1746 中国の大盗賊・完全版――高島俊男
1761 中国文明の歴史――岡田英弘
1769 まんが パレスチナ問題 山井教雄
1811 歴史を学ぶということ 入江昭
1932 都市計画の世界史――日端康雄
1966 〈満洲〉の歴史――小林英夫
2018 古代中国の虚像と実像 落合淳思
2025 まんが 現代史――山井教雄
2053 〈中東〉の考え方――酒井啓子
2120 居酒屋の世界史――下田淳
2182 おどろきの中国 橋爪大三郎 大澤真幸 宮台真司
2189 世界史の中のパレスチナ問題 臼杵陽
2257 歴史家が見る現代世界 入江昭
2301 高層建築物の世界史 大澤昭彦
2331 続 まんが パレスチナ問題 山井教雄
2338 世界史を変えた薬 佐藤健太郎
2345 鄧小平――エズラ・F・ヴォーゲル 聞き手＝橋爪大三郎
2386 〈情報〉帝国の興亡――玉木俊明
2409 〈軍〉の中国史――澁谷由里
2410 入門 東南アジア近現代史 岩崎育夫
2445 珈琲の世界史――旦部幸博
2457 世界神話学入門――後藤明
2459 9・11後の現代史 酒井啓子

哲学・思想Ⅰ

哲学・思想Ⅱ

宗教

Ⓒ

政治・社会

文学

心理・精神医学

331 異常の構造——木村敏
590 家族関係を考える——河合隼雄
725 リーダーシップの心理学——国分康孝
824 森田療法——岩井寛
1011 自己変革の心理学——伊藤順康
1020 アイデンティティの心理学 鑪幹八郎
1044 〈自己発見〉の心理学 国分康孝
1241 心のメッセージを聴く 池見陽
1289 軽症うつ病——笠原嘉
1348 自殺の心理学——高橋祥友
1372 〈むなしさ〉の心理学 諸富祥彦
1376 子どものトラウマ——西澤哲
1465 トランスパーソナル心理学入門——諸富祥彦
1787 人生に意味はあるか 諸富祥彦
1827 他人を見下す若者たち 速水敏彦
1922 発達障害の子どもたち——杉山登志郎
1962 親子という病——香山リカ
1984 いじめの構造——内藤朝雄
2008 関係する女 所有する男——斎藤環
2030 がんを生きる——佐々木常雄
2044 母親はなぜ生きづらいか——香山リカ
2062 人間関係のレッスン 向後善之
2076 子ども虐待——西澤哲
2085 言葉と脳と心——山鳥重
2105 はじめての認知療法——大野裕
2116 発達障害のいま——杉山登志郎
2119 動きが心をつくる——春木豊
2143 アサーション入門——平木典子
2180 パーソナリティ障害とは何か——牛島定信
2231 精神医療ダークサイド 佐藤光展
2344 ヒトの本性——川合伸幸
2347 信頼学の教室——中谷内一也
2349 「脳疲労」社会——徳永雄一郎
2385 はじめての森田療法 北西憲二
2415 新版 うつ病をなおす 野村総一郎
2444 怒りを鎮める うまく謝る 川合伸幸

自然科学・医学

K

日本語・日本文化

105 タテ社会の人間関係 中根千枝
293 日本人の意識構造――会田雄次
444 出雲神話――松前健
1193 漢字の字源――阿辻哲次
1200 外国語としての日本語――佐々木瑞枝
1239 武士道とエロス――氏家幹人
1262 「世間」とは何か――阿部謹也
1432 江戸の性風俗――氏家幹人
1448 日本人のしつけは衰退したか――広田照幸
1738 大人のための文章教室 清水義範
1943 なぜ日本人は学ばなくなったのか――齋藤孝
1960 女装と日本人――三橋順子
2006 「空気」と「世間」――鴻上尚史
2013 日本語という外国語 荒川洋平
2067 日本料理の贅沢――神田裕行
2092 新書 沖縄読本――下川裕治 仲村清司 著・編
2127 ラーメンと愛国――速水健朗
2173 日本人のための日本語文法入門――原沢伊都夫
2200 漢字雑談――高島俊男
2233 ユーミンの罪――酒井順子
2304 アイヌ学入門――瀬川拓郎
2309 クール・ジャパン!? 鴻上尚史
2391 げんきな日本論――橋爪大三郎 大澤真幸
2419 京都のおねだん――大野裕之
2440 山本七平の思想――東谷暁